趙爾巽等撰

清史稿

第二六册

卷二〇二至卷二〇四（表）

中華書局

	乾隆二年丁巳
巡撫。	邵基　八月乙未卒。
	孫國璽
	法敏
	石麟
	富德　三月壬子召。
	碩色　三月辛亥遷。
	劉於義
西，楊馝仍四川巡撫。	楊馝
	岳濬
鍾保湖北巡撫。	鍾保　三月壬子召。
遷。高其倬補。	高其倬
	楊永斌　三月壬子
	楊超曾
	張允隨

楊永斌江蘇巡撫。

尹會一河南巡撫。

崔紀陝西巡撫。

楊永斌湖北巡撫。八月乙未遷。張楷代。

遷。王謩廣東巡撫。

乾隆三年戊午
揚永斌 五月辛未召。許容江蘇巡撫。
孫國璽
法敏
石麟
尹會一
崔紀 三月乙卯遷。張楷陝西巡撫。
劉於義 九月甲辰召。元展成甘肅巡撫。
楊馝
王士任 九月癸亥,福建巡撫。
盧焯 九月癸亥,浙江巡撫。
岳濬
張楷 三月乙卯遷。崔紀湖北巡撫。
高其倬 二月壬子遷。張渠湖南巡撫。
王謩
楊超曾 十月乙巳遷。安圖廣西巡撫。
張允隨

乾隆四年己未
許容 正月壬子假。徐士林護。二月己卯,
孫國璽 十一月壬子卒。陳大受安徽巡
法敏 六月庚辰召。碩色山東巡撫。
石麟
尹會一 十一月庚戌免。雅爾度河南巡
張楷
元展成
楊馝 六月庚辰,方顯四川巡撫。
王士任
盧焯
岳濬
崔紀
張渠 二月己卯遷。馮光裕湖南巡撫。
王謩
安圖
張允隨

乾隆五年庚申	
張渠七月癸酉遷。	許容憂。張渠江蘇巡撫。
陳大受	撫。
碩色七月癸酉遷。	
石麟閏六月辛亥	
雅爾度	撫。
張楷	
元展成	
方顯七月癸酉遷。	
王士任五月庚申	
盧焯	
岳濬十一月丁丑	
崔紀五月丁未召。	
馮光裕閏六月壬	
王謩十一月己酉	
安圖七月癸酉召。	
張允隨六月癸酉	

徐士林江蘇巡撫。

朱定元山東巡撫。

憂。喀爾吉善山西巡撫。

碩色四川巡撫。

革。王恕福建巡撫。

免。包括江西巡撫。

班第兼署。七月癸酉，張渠補。十二月戊

戊卒。許容湖南巡撫。

召。王安國廣東巡撫。

方顯廣西巡撫。

遷。慶復兼雲南巡撫。

乾隆六年辛酉		
徐士林	六月丙申	
陳大受	六月丙申	
朱定元		
喀爾吉善		
雅爾度		
張楷	六月丙申遷。	
元展成	九月癸亥	
碩色		
王恕		
盧焯	六月己酉免。	
包括	九月乙亥回	
范璨		戊卒。范璨湖北巡撫。
許容		
王安國		
方顯	正月乙亥免。	
慶復		

免。陳大受江蘇巡撫。

還。張楷安徽巡撫。

岱奇陝西巡撫。

革。陳宏謀甘肅巡撫。九月乙亥遷。黃廷

德沛署。十二月辛亥，常安浙江巡撫。

原任。陳宏謀江西巡撫。

楊錫紱廣西巡撫。

	乾隆七年壬戌
	陳大受
	張楷十二月己亥召。喀爾吉善安
	朱定元三月戊寅憂。晏斯盛山東
	喀爾吉善
	雅爾度
	岱奇十月甲辰卒。塞楞額陝西巡
桂代。	黃廷桂
	碩色
	王恕三月庚午免。劉於義福建巡
	常安
	陳宏謀
	范燦
	許容
	王安國
	楊錫紱
	慶復

	乾隆八年癸亥
	陳大受
徽巡撫。	喀爾吉善三月庚午遷。范璨安
巡撫。	晏斯盛三月庚午遷。喀爾吉善
	喀爾吉善遷。二月甲午，劉於義
	雅爾度閏四月丙午召。碩色河
撫。	塞楞額十月己巳遷。陳宏謀陝
	黃廷桂
	碩色閏四月丙午遷。紀山四川
撫。	劉於義二月庚午遷。孫嘉淦署。
	常安
	陳宏謀十月己巳遷。塞楞額江
	范璨三月庚午遷。晏斯盛湖北
	許容閏四月乙卯免。蔣溥湖南
	王安國
	楊錫紱
	慶復閏四月戊申遷。張允隨兼

	乾隆九
	陳大受
徽巡撫。	范燦六
山東巡撫。	喀爾吉
山西巡撫。十月己巳遷。傅恆代。	傅恆
南巡撫。	碩色
西巡撫。	陳宏謀
	黃廷桂
巡撫。	紀山
四月丁未召。周學健福建巡撫。	周學健
	常安
西巡撫。	塞楞額
巡撫。	晏斯盛
巡撫。阿里袞暫管。	蔣溥
	王安國
	楊錫紱
雲南巡撫。	張允隨

年甲子

月癸丑。召。準泰安徽巡撫。

善

正月庚子。遷。許容署湖北巡撫。二月丙辰

正月辛巳。遷。策楞廣東巡撫。

三月丁亥。召。託庸廣西巡撫。

	乾隆十年乙丑
	陳大受
	準泰四月乙卯遷。魏定
	喀爾吉善
	傅恆
	碩色
	陳宏謀
	黃廷桂
	紀山
	周學健
	常安
	塞楞額
免。晏斯盛仍任。	晏斯盛十一月戊寅告
	蔣溥四月庚申遷。楊錫
	策楞四月乙卯遷。準泰
	託庸
	張允隨

乾隆十一年丙寅	
陳大受 九月庚子遷。	
魏定國 五月甲辰遷。	國安徽巡撫。
喀爾吉善 九月丁巳	
傅恆 九月壬戌,愛	
碩色	
陳宏謀 九月丁巳遷。	
黃廷桂	
紀山	
周學健 九月庚子遷。	
常安	
塞楞額 九月丁巳遷。	
開泰 十月己卯遷。陳	養。開泰湖北巡撫。
楊錫紱	紱湖南巡撫。
準泰	廣東巡撫。
託庸 四月己卯革。鄂	
張允隨	

安寧江蘇巡撫。

潘思榘安徽巡撫。

遷。塞楞額山東巡撫。壬戌，阿里袞代。

必達山西巡撫。

徐杞陝西巡撫。

陳大受福建巡撫。

陳宏謀江西巡撫。十月己卯遷。開泰代。

宏謀湖北巡撫。

昌廣西巡撫。

乾隆十二年丁卯

安寧

潘思榘 九月丁巳遷。納敏 安徽巡撫。

阿里袞

愛必達 五月辛亥免。準泰 山西巡撫。

碩色

徐杞 十二月己巳召。陳宏謀 陝西巡撫。

黃廷桂

紀山

陳大受 九月丁巳遷。潘思榘 福建巡撫。

常安 九月壬子免。顧琮 浙江巡撫。

開泰

陳宏謀 十二月己巳遷。彭樹葵 湖北巡

楊錫紱

準泰 五月辛卯召。策楞 兼管。辛亥，岳濬

鄂昌

張允隨 三月辛丑遷。圖爾炳阿 雲南巡

孫紹武 貴州巡撫。

	乾隆十三年戊辰
	安寧閏七月己巳召。尹繼善
	納敏
	阿里袞閏七月癸酉遷。準泰
	準泰閏七月癸酉遷。阿里袞
	碩色十月乙酉遷。鄂容安河
	陳宏謀
	黃廷桂九月丁卯召。瑚寶署。
	紀山八月革。班第暫署。九月
	潘思榘
	顧琮三月乙未遷。愛必達浙
	開泰十月壬辰遷。唐綏祖江
撫。	彭樹葵
	楊錫紱十月壬辰憂。開泰湖
廣東巡撫。	岳濬
	鄂昌閏七月癸酉遷。舒輅廣
撫。	圖爾炳阿
	孫紹武 三月辛亥，愛必達

兼理。癸酉，鄂昌江蘇巡撫。九月壬子遷。雅

山東巡撫。

山西巡撫。

南巡撫。

十一月庚辰遷。鄂昌甘肅巡撫。

壬子，鄂昌四川巡撫。十一月庚辰遷。策楞

江巡撫。辛亥遷。方觀承代。

西巡撫。

南巡撫。

西巡撫。

貴州巡撫。

乾隆十四年己巳	
雅爾哈善	爾哈善署。
納敏四月庚子遷。衛哲治山	
準泰	
阿里袞	
鄂容安	
陳宏謀	
鄂昌	
班第正月丁巳革，仍署四川	兼。班第代。
潘思榘	
方觀承七月壬子遷。永貴浙	
唐綏祖四月壬辰遷。阿思哈	
彭樹葵四月壬辰遷。唐綏祖	
開泰	
岳濬十二月乙未遷。蘇昌廣	
舒輅	
圖爾炳阿十二月乙未遷。岳	
愛必達	

東巡撫。十二月乙未召。圖爾炳阿代。

巡撫。

江巡撫。

江西巡撫。

湖北巡撫。

東巡撫。

濬雲南巡撫。

乾隆十五年庚午
雅爾哈善十一月丙辰遷。王師江蘇巡
圖爾炳阿七月丙午遷。衛哲治安徽巡
準泰
阿里袞十一月乙丑遷。阿思哈山西巡
鄂容安
陳宏謀
鄂昌
班第
潘思榘
永貴
阿思哈十月乙丑遷。舒輅江西巡撫。
唐綏祖十二月癸巳免。嚴瑞龍護湖北
開泰十月甲申遷。楊錫紱湖南巡撫。
蘇昌
舒輅十一月乙丑遷。衛哲治廣西巡撫。
岳濬七月丙午革。圖爾炳阿雲南巡撫。
愛必達十月甲申遷。開泰貴州巡撫。

	乾隆十六年
撫。	王師八月辛
撫。十一月乙丑遷。定長代。	定長二月丙
	準泰八月庚
撫。	阿思哈
	鄂容安八月
	陳宏謀十月
	鄂昌八月庚
	班第
	潘思榘
	永貴閏二十
	舒輅八月庚
巡撫。	嚴瑞龍二月
	楊錫紱十月
	蘇昌
	衞哲治二月
十月甲申革。愛必達代。	愛必達
	開泰

辛未

酉卒。莊有恭江蘇巡撫。

戌遷。衛哲治安徽巡撫。三月己亥憂。張師

申逮。鄂容安山東巡撫。兆惠暫署。

庚申遷。舒輅河南巡撫。十月丙辰遷。陳宏

丙辰遷。舒輅陝西巡撫。

申遷。楊應琚甘肅巡撫。

月壬寅革。雅爾哈善浙江巡撫。

申遷。鄂昌江西巡撫。

辛卯革。阿里袞兼管。四月己卯,恆文湖北

戊戌憂。范時綬湖南巡撫。

丙戌遷。定長廣西巡撫。

	乾隆十七年壬申
	莊有恭
載代。	張師載
	鄂容安 十月戊子遷。楊應琚山東
	阿思哈 十月壬寅召。定長山西巡
謨代。	陳宏謀 三月戊寅遷。蔣炳河南巡
	舒輅 二月乙未卒。鍾音陝西巡撫。
	楊應琚 六月丙辰憂。鄂樂舜甘肅
	班第
	潘思榘 三月戊寅卒。陳宏謀福建
	雅爾哈善
	鄂昌 十月戊子召。鄂容安江西巡
巡撫。	恆文
	范時綬
	蘇昌
	定長 十月壬寅遷。李錫泰廣西巡
	愛必達
	開泰

乾隆十九年甲戌	
莊有恭十二月丙辰陞。見尹繼善	
衞哲治十月甲寅遷。鄂樂舜安徽	
楊應琚四月辛卯遷。郭一裕山東	
恆文	
蔣炳	
鍾音五月戊戌遷。陳宏謀陝西巡	
鄂樂舜五月己亥遷。鄂昌甘肅巡	
陳宏謀五月戊戌遷。鍾音福建巡	
雅爾哈善五月己亥召。鄂樂舜浙	
范時綬	
張若震	
胡寶瑔	
鶴年	
李錫泰十月甲寅免。衞哲治廣西	
愛必達	
定長	巡撫。

乾隆二	
莊有恭	兼江蘇巡撫。
鄂樂舜	巡撫。
郭一裕	巡撫。
恆文	
蔣炳	
陳宏謀	撫。
鄂昌三	撫。
鍾音	撫。
周人驥	江巡撫。十月甲寅遷。周人驥代。
范時綬	
張若震	
胡寶瑔	
鶴年	
衞哲治	巡撫。
愛必達	
定長	

十年乙亥

十一月壬午遷。高晉安徽巡撫。
六月癸丑遷。白鍾山署。十一月壬午，鄂樂

五月辛卯，圖爾炳阿河南巡撫。
三月己卯遷。台柱署。十二月甲辰召。盧焯
月己卯召。陳宏謀甘肅巡撫。五月辛卯遷。

二月己未召。胡寶瑔江西巡撫。

二月己未遷。楊錫紱署。五月辛卯遷。陳宏

十月甲辰遷。鄂寶廣西巡撫。
六月癸丑遷。郭一裕雲南巡撫。

	乾隆二十一年丙子
	莊有恭十一月辛亥憂。愛
	高晉
舜山東巡撫。	鄂樂舜二月革。戊辰，愛必
	恆文二月戊辰遷。明德山
	圖爾炳阿十月辛亥遷。蔣
陝西巡撫。	盧焯十月辛亥遷。陳宏謀
吳達善代。	吳達善
	鍾音
	周人驥二月庚戌革。楊廷
	胡寶瑔
	張若震十月辛亥卒。盧焯
謀湖南巡撫。	陳宏謀十月辛亥遷。圖爾
	鶴年十月壬申遷。周人驥
	鄂寶
	郭一裕
	定長

必達兼署。

達山東巡撫。十月壬申遷。鶴年任。楊錫

西巡撫。

炳署河南巡撫。十二月丙子，圖爾炳阿

陝西巡撫。

璋浙江巡撫。

湖北巡撫。

炳阿湖南巡撫。十二月丙子，蔣炳署。

廣東巡撫。

乾隆二十二年丁丑

愛必達六月甲子遷。陳宏謀江蘇

高晉

紱署。鶴年七月丁未遷。蔣洲山東巡撫。

明德六月甲子遷。定長山西巡撫。

仍留。圖爾炳阿四月己卯革。蔣炳河南

陳宏謀六月甲子遷。明德陝西巡

吳達善

鍾音

楊廷璋

胡寶瑔六月辛酉遷。阿思哈署江

盧焯六月庚午革。莊有恭署湖北

蔣炳四月己卯遷。阿思哈湖南巡

周人驥

鄂寶

郭一裕七月辛卯免。壬辰，劉藻雲

定長六月甲子遷。周琬貴州巡撫。

巡撫。十二月癸亥遷。託恩多江蘇巡撫。

十月甲子逮。鶴年兼辦。十二月癸亥卒。

七月丁未憂。塔永寧山西巡撫。

巡撫。劉慥暫護。辛巳，圖爾炳阿仍留。六

撫。十月丙戌革。永貴署陝西巡撫。吳士

西巡撫。

巡撫。

撫。辛巳，蔣炳仍回。九月戊戌革。富勒渾

南巡撫。

乾隆二	
託恩多	
高晉	
阿爾泰	阿爾泰山東巡撫。
塔永寧	
胡寶瑔	月辛酉召。胡寶瑔任。劉慥暫護。
永貴三	功護。
吳達善	
鍾音正	
楊廷璋	
阿思哈	
莊有恭	
富勒渾	湖南巡撫。
周人驥	
鄂寶	
劉藻	
周琬正	

十三年戊寅

三月丁未遷。莊有恭署。四月丙子遷。陳宏

月丁未赴軍營。鍾音陝西巡撫。

月壬子遷。周琬福建巡撫。三月丁未憂。吳

三月丁未遷。馮鈐湖北巡撫。四月丙子遷。

四月丙子,馮鈐湖南巡撫。

正月壬子遷。鍾音廣東巡撫。三月丁未遷。

月壬子遷。周人驥署貴州巡撫。

乾隆二十四年己	
陳宏謀	謀兼管江蘇巡撫。
高晉	
阿爾泰	
塔永寧十月乙未	
胡寶瑔	
鍾音	
吳達善正月己亥	
吳士功	士功任。楊應琚兼管。
楊廷璋三月壬辰	
阿思哈	
莊有恭四月戊午	莊有恭署。
馮鈐	
託恩多	託恩多代。
鄂寶	
劉藻	
周人驥	

卯

卒。鄂弼山西巡撫。

遷。明德甘肅巡撫。四月丁巳憂。楊應琚

遷。明山署。四月戊午，莊有恭浙江巡撫。

遷。周琬署湖北巡撫。

乾隆二十五年庚辰	
陳宏謀	
高晉	
阿爾泰	
鄂弼	
胡寶瑔十二月丙戌遷。吳達善河	
鍾音	
楊應琚免。兼十二月丙戌,明德甘	兼管。
吳士功	
莊有恭	
阿思哈十一月丙寅革。常鈞暫署。	
周琬	
馮鈐	
託恩多	
鄂寶	
劉藻	
周人驥	

乾隆二	
陳宏謀	
高晉三	
阿爾泰	
鄂弼	
吳達善	南巡撫。
鍾音	
明德	肅巡撫。
吳士功	
莊有恭	
胡寶瑔	十二月丙戌，胡寶瑔江西巡撫。
周琬八	
馮鈐	
託恩多	
鄂寶二	
劉藻	
周人驥	

十六年辛巳

月戊申遷。託庸安徽巡撫。

四月壬辰遷。常鈞河南巡撫。八月戊寅遷。

五月戊午革。定長福建巡撫。

八月戊寅遷。常鈞江西巡撫。湯聘暫署。

月戊寅革。湯聘湖北巡撫。愛必達兼管。

月癸酉召。託庸廣西巡撫。三月戊申遷。熊

乾隆二十七年壬午	
陳宏謀十月辛卯遷。莊有恭	
託庸	
阿爾泰	
鄂弼五月戊申遷。明德山西	
胡寶瑔	胡寶瑔代。
鍾音五月戊申遷。鄂弼陝西	
明德五月戊申遷。常鈞甘肅	
定長	
莊有恭十月辛卯遷。熊學鵬	
常鈞五月戊申遷。明山署。八	
湯聘八月甲辰遷。宋邦綏湖	
馮鈐十月辛卯遷。陳宏謀湖	
託恩多八月甲辰憂。明山署	
熊學鵬十月辛卯遷。馮鈐廣	學鵬代。
劉藻	
周人驥正月己未免。喬光烈	

乾隆二十八	
莊有恭	江蘇巡撫。
託庸	
阿爾泰六月	
明德五月庚	巡撫。
胡寶瑔正月	
鄂弼六月戊	巡撫。
常鈞十一月	巡撫。
定長	
熊學鵬	浙江巡撫。
湯聘五月己	月甲辰遷。湯聘江西巡撫。
宋邦綏五月	北巡撫。
陳宏謀五月	南巡撫。
明山六月戊	廣東巡撫。
馮鈐	西巡撫。
劉藻	
喬光烈五月	貴州巡撫。

年癸未
壬寅遷。崔應階山東巡撫。
辰遷。和其衷山西巡撫。
壬午卒。葉存仁河南巡撫。十一月辛酉遷。
戊遷。明山陝西巡撫。阿里袞暫護。明山十
辛酉遷。楊應琚兼署。
卯革。庚辰，明德江西巡撫。十一月辛酉遷。
癸酉免。輔德湖北巡撫。十一月辛酉遷。常
癸酉遷。喬光烈湖南巡撫。
戊遷。阿思哈廣東巡撫。十一月辛酉遷。明
癸酉遷。乙亥，崔應階貴州巡撫。六月壬寅

乾隆二十九年甲	
莊有恭	
託庸	
崔應階	
和其衷	
阿思哈	阿思哈代。
明德	一月辛酉遷。明德代。
楊應琚　三月乙	
定長	
熊學鵬	
輔德	輔德代。
常鈞六月丙午遷。	鈞代。
喬光烈十月癸巳	
明山	山代。
馮鈐	
劉藻六月甲辰遷。	
圖爾炳阿十月癸	遷。圖爾炳阿代。

乾隆三十年乙	申三月,裁甘肅巡撫。
莊有恭正月癸	
託庸十一月乙	
崔應階	
和其衷正月癸	
阿思哈	
明德正月癸丑	
	卯,裁。
定長	
熊學鵬	
輔德閏二月戊	
王檢閏二月戊	王檢湖北巡撫。
圖爾炳阿三月	革。圖爾炳阿湖南巡撫。
明山閏二月戊	
馮鈐三月甲申	
常鈞	丙午,常鈞雲南巡撫。
方世儁	巳遷。方世儁貴州巡撫。

酉

丑。遷明德江蘇巡撫。

酉。遷馮鈐安徽巡撫。

丑。遷彰寶山西巡撫。

遷和其衷陝西巡撫。

辰。卒明山江西巡撫。

辰。遷李因培湖北巡撫。十一月乙酉。遷湯

甲申。卒馮鈐湖南巡撫。十一月乙酉。遷李

辰。遷王檢廣東巡撫。

遷宋邦綏廣西巡撫。

乾隆三十一年丙戌	
明德	
馮鈐	
崔應階	
彰寶	
阿思哈	
和其衷 二月辛亥遷。明山陝西	
定長 二月壬寅遷。李因培福建	
熊學鵬	
明山 二月辛亥遷。吳紹詩江西	
湯聘 二月壬寅遷。劉藻湖北巡	聘代。
李因培 二月壬寅遷。常鈞湖南	因培代。
王檢	
宋邦綏	
常鈞 二月壬寅遷。湯聘雲南巡	
方世儁	

巡撫。

巡撫。八月癸丑降。莊有恭代。

巡撫。

撫。癸亥革。鄂寧代。十二月甲午遷。鄂寶湖

巡撫。十二月甲午召。鄂寧湖南巡撫。

撫。

乾隆三十二年丁亥	
明德	
馮鈐	
崔應階 七月辛巳遷。李清時 山	
彰寶	
阿思哈	
明山	
莊有恭 七月癸亥卒。辛巳，崔應	
熊學鵬	
吳紹詩	
鄂寶 五月己巳遷。定長暫署。庚	北巡撫。
鄂寧 二月己酉遷。方世儁湖南	
王檢 八月乙酉免。鍾音廣東巡	
宋邦綏	
湯聘 二月己酉遷。鄂寧雲南巡	
方世儁 二月己酉遷。湯聘貴州	

東巡撫。

階福建巡撫。

午，范時綬湖北巡撫。十一月壬子召。鄂

巡撫。

撫。

撫。

巡撫。五月己巳革。鄂寶代。十一月壬子

乾隆三十三年戊子	
明德 二月丙戌遷。彰寶江蘇	
馮鈐	
李清時 正月庚子卒。彰寶山	
彰寶 正月庚子遷。蘇爾德山	
阿思哈 十二月甲子遷。文綬	
明山 十二月甲子遷。阿思哈	
崔應階 正月丁未遷。富呢漢	
熊學鵬 二月丙戌憂。永德浙	
吳紹詩	
鄂寶 二月丙戌遷。程燾湖北	寶代。
方世儁	
鍾音 三月乙巳遷。良卿廣東	
宋邦綏 六月壬午，錢度廣	
鄂寧 二月丙戌遷。明德雲南	
良卿 三月乙巳遷。錢度貴州	遷。良卿署。

巡撫。

東巡撫。二月丙戌遷。富呢漢代。十二月己

西巡撫。九月己酉降。鄂寶山西巡撫。

河南巡撫。壬午，阿思哈仍留。

陝西巡撫。壬午，文綬陝西巡撫。

福建巡撫。二月丙戌遷。鄂寶代。三月乙巳

江巡撫。

巡撫。十二月己未降。揆義署湖北巡撫。

巡撫。四月丁卯，錢度代。六月壬午遷。鍾音

西巡撫。

巡撫。

巡撫。四月丁卯遷。良卿仍回。

未降。富明安山東巡撫。

遷。鍾音福建巡撫。六月壬午遷。鄂寧代。

仍任。

乾隆三十四年己丑

彰寶三月丙午憂。明德江蘇巡撫。高晉

馮鈐二月辛酉免。富呢漢安徽巡撫。陳

富明安

鄂寶

阿思哈三月壬子遷。喀寧阿河南巡撫。

文綬

鄂寧四月己未革。溫福福建巡撫。崔應

永德十月乙卯遷。熊學鵬署浙江巡撫。

吳紹詩七月己亥遷。海明江西巡撫。

揆義七月己亥革。梁國治湖北巡撫。

方世儁十二月辛亥免。宮兆麟湖南巡

鍾音十二月辛亥，德保廣東巡撫。

錢度十二月辛亥，陳輝祖廣西巡撫。

明德正月辛卯遷。喀寧阿雲南巡撫。三

良卿十月癸亥免。吳達善暫兼署。甲子，

兼管。十月乙卯，明德革。永德江蘇巡撫。

輝祖暫護。十月甲子遷。胡文伯安徽巡

吳嗣爵暫護。十月甲子遷。富呢漢河南

階兼署。

撫。

月壬子遷。彰寶署。十月乙卯遷。明德署。

喀寧阿貴州巡撫。

	乾隆三十五年庚寅
	永德三月戊戌遷。薩載署。十月壬
撫。	胡文伯七月辛酉降。裴宗錫安徽
	富明安
	鄂寶
巡撫。	富呢漢三月戊戌召。永德河南巡
	文綏
	溫福閏五月己未遷。鍾音署福建
	熊學鵬十一月辛未憂。富勒渾浙
	海明
	梁國治
	宮兆麟三月辛巳遷。吳達善兼署。
	德保
	陳輝祖
	明德七月壬申卒。諾穆親署雲南
	喀寧阿三月辛巳召。宮兆麟貴州

午召。李湖護江蘇巡撫。

巡撫。

撫。

巡撫。

江巡撫。

辛卯，德福署。十月壬午遷。吳達善兼署

巡撫。

巡撫。十一月乙丑，免。三寶護。十二月庚

乾隆三十六年辛卯	
薩載	
裴宗錫	
富明安三月戊午遷。	
鄂寶十月戊辰召。三	
永德五月辛丑遷。何	
文綬九月丁卯遷。勒	
鍾音五月辛丑遷。余	
富勒渾	
海明	
梁國治九月丁卯遷。	
吳達善五月辛丑遷。	湖南巡撫。
德保	
陳輝祖九月丁卯遷。	
諾穆親	
李湖	寅，李湖貴州巡撫。

周元理山東巡撫。十月丁亥遷。徐績代。

寶山西巡撫。

煟河南巡撫。

爾謹陝西巡撫。

文儀福建巡撫。

陳輝祖湖北巡撫。

永德湖南巡撫。九月丁卯遷。梁國治代。

永德廣西巡撫。

乾隆三十七年壬辰
薩載
裴宗錫
徐績
三寶
何煟
勒爾謹六月丙戌遷。富勒渾陝西巡撫。
余文儀
富勒渾六月丙戌遷。熊學鵬署浙江巡
海明五月甲子遷。海成江西巡撫。
陳輝祖
梁國治
德保
永德
諾穆親正月乙巳召。李湖署雲南巡撫。
李湖正月乙巳遷。圖思德貴州巡撫。

乾隆三十八年癸巳	
薩載	
裴宗錫	
徐績	
三寶 正月壬辰遷。鄂	
何煟	
巴延三 正月壬辰遷。	辛卯遷。巴延三代。
余文儀	
熊學鵬 正月壬辰遷。	撫。
海成	
陳輝祖	
梁國治 十一月壬申	
德保	
永德 正月壬辰免。熊	
李湖	
圖思德	

乾隆三十九	
薩載	
裴宗錫	
徐績十月辛	
鄂寶	寶山西巡撫。巴延三暫署。
何煟九月乙	
畢沅	畢沅陝西巡撫。
余文儀	
三寶	三寶浙江巡撫。
海成	
陳輝祖	
巴延三	召。巴延三湖南巡撫。敦福護。
德保	
熊學鵬	學鵬廣西巡撫。
李湖	
圖思德五月	

年甲午

巳免。楊景素山東巡撫。

卯差。榮柱暫護。十月丙午，何煟卒。徐績河

丙寅遷。韋謙恆暫護。

	乾隆四十年乙未
	薩載
	裴宗錫 五月壬戌遷。
	楊景素
	鄂寶
南巡撫。榮柱仍護。	徐績
	畢沅
	余文儀
	三寶
	海成
	陳輝祖
	巴延三
	德保 十二月丙辰遷。
	熊學鵬 十二月丙辰
	李湖 二月癸巳革。李
	韋謙恆 十月丙申革。

李質穎安徽巡撫。

熊學鵬廣東巡撫。

遷。吳虎炳廣西巡撫。

瀚雲南巡撫。五月壬戌卒。裴宗錫署。十

裴宗錫貴州巡撫。袁守侗署。

乾隆四十一年	
薩載　三月癸未	
李質穎　三月丁	
楊景素	
鄂寶　七月丁亥	
徐績	
畢沅　三月甲申	
余文儀　十月辛	
三寶	
海成	
陳輝祖	
巴延三　七月丁	
熊學鵬　三月丁	
吳虎炳	
圖思德	月丙申遷。圖思德兼署。
裴宗錫	

丙申

遷。楊魁江蘇巡撫。

酉遷。閔鶚元安徽巡撫。

遷。巴延三山西巡撫。

遷。富綱暫署陝西巡撫。

亥遷。德保福建巡撫。

亥遷。鄂寶湖南巡撫。十月壬子遷。敦福代。

酉革。李質穎廣東巡撫。

乾隆四十二年丁酉	
楊魁	
閔鶚元	
楊景素	正月乙酉遷。郝碩山東巡撫。國
巴延三	
徐績	
畢沅	
德保	
三寶	五月丁亥遷。王亶望浙江巡撫。
海成	十一月戊辰革。郝碩江西巡撫。
陳輝祖	
敦福	二月丁巳遷。顏希深湖南巡撫。
李質穎	
吳虎炳	
圖思德	正月乙酉回原任。裴宗錫雲南
裴宗錫	正月乙酉回原任。圖思德貴州

乾隆四十	
楊魁	
閔鶚元	
國泰	泰署。十一月戊辰遷。國泰代。
巴延三	
徐績正月	
畢沅	
德保九月	
王亶望	
郝碩	
陳輝祖	
顏希深三	
李質穎	
吳虎炳	
裴宗錫	巡撫。
圖思德	巡撫。

乾隆四十四	三年戊戌
楊魁	
閔鶚元	
國泰	
巴延三二十	
鄭大進正月	癸亥召。鄭大進河南巡撫。
畢沅十二月	
黃檢二月丙	己亥遷。黃檢福建巡撫。
王亶望	
郝碩	
陳輝祖正月	
李湖	月己丑遷。李湖湖南巡撫。
李質穎	
吳虎炳五月	
裴宗錫七月	
圖思德三月	

年己亥

月乙卯遷。雅德山西巡撫。

己丑遷。陳輝祖河南巡撫。十二月辛未遷。

丁卯憂。劉秉恬署陝西巡撫。

子召。增福代。五月丙午召。富綱福建巡撫。

己丑遷。鄭大進湖北巡撫。

丙申卒。李世傑廣西巡撫。十一月丙午憂。

辛卯卒。孫士毅雲南巡撫。

戊戌遷。舒常貴州巡撫。

乾隆四十五年庚子	
楊魁四月辛酉遷。吳壇江蘇	
閔鶚元八月癸酉遷。農起安	
國泰	
雅德四月丙寅遷。喀寧阿山	
榮柱四月丙寅遷。楊魁河南	榮柱代。
劉秉恬四月辛酉遷。楊魁陝	
富綱	
王亶望三月壬辰憂。李質穎	
郝碩	
鄭大進	
李湖三月壬辰遷。劉墉湖南	
李質穎三月壬辰遷。李湖廣	
姚成烈	姚成烈代。
孫士毅三月丁酉革。顏希深	
舒常三月丁酉召。李本署。四	

巡撫。八月癸酉召。閔鶚元代。

徽巡撫。

西巡撫。

巡撫。十月己酉憂。雅德代。

西巡撫。丙寅遷。雅德代。十月己酉遷。畢

浙江巡撫。三寶兼署。

巡撫。

東巡撫。

署。四月辛酉遷。劉秉恬署雲南巡撫。

月辛酉，顏希深貴州巡撫。七月壬寅卒。

乾隆四十六年辛丑	
閔鶚元	
農起十二月辛卯遷。譚尚忠安	
國泰	
喀寧阿二月己巳憂。雅德山西	
雅德二月己巳遷。諾穆親署。庚	
畢沅	沅署。
富綱五月癸巳召。楊魁署福建	
李質穎正月癸卯召。陳輝祖兼	
郝碩	
鄭大進十一月戊辰遷。十二月	
劉墉十一月丙午遷。李世傑署	
李湖十二月丁丑卒。雅德廣東	
姚成烈十二月己巳遷。朱椿廣	
劉秉恬	
李本	李本授。

徽巡撫。

巡撫。十二月丁丑遷。譚尚忠代。辛卯遷。

午，富勒渾河南巡撫。

巡撫。

浙江巡撫。

己巳，姚成烈湖北巡撫。

湖南巡撫。

巡撫。

西巡撫。

乾隆四十七年壬寅	
閔鶚元	
譚尚忠六月壬午降。富躬安徽	
國泰四月己卯革。明興山東巡	
農起	農起任。
富勒渾九月辛亥遷。李世傑河	
畢沅	
楊魁三月癸丑病免。雅德福建	
陳輝祖九月辛亥革。十月甲申,	
郝碩	
姚成烈	
李世傑九月辛亥遷。查禮湖南	
雅德三月癸丑遷。尚安廣東巡	
朱椿	
劉秉恬	
李本	

乾隆四十八年癸卯	
閔鶚元	
富躬	巡撫。
明興	撫。諸穆親暫署。
農起	
李世傑四月辛巳遷。何	南巡撫。
畢沅	
雅德	巡撫。
福崧	福崧浙江巡撫。
郝碩	
姚成烈	
查禮正月甲午卒。伊星	巡撫。舒常兼署。
尚安	撫。
朱椿三月辛丑遷。劉峨	
劉秉恬	
李本	

乾隆	
閔鶚	
富躬	
明興	
農起	
何裕	裕城河南巡撫。
畢沅	
雅德	
福崧	
郝碩	
姚成	
伊星	阿湖南巡撫。
尚安	
孫士	廣西巡撫。五月丁未遷。孫士毅代。
劉秉	
李本	

四十九年甲辰

元

六月丁未病免。書麟安徽巡撫。

城

四月壬寅召。李綬江西巡撫。辛亥遷。伊星

烈七月丁巳遷。李綬湖北巡撫。

阿四月辛亥遷。李綬湖南巡撫。七月丁巳

正月甲寅憂。孫士毅廣東巡撫。

毅正月甲寅遷。吳垣廣西巡撫。

恬

二月壬申卒。永保貴州巡撫。

乾隆五十年乙巳	
閔鶚元	
書麟	
明興	
農起八月癸卯卒。伊桑阿山	
何裕城二月辛卯遷。畢沅河	
畢沅二月辛卯遷。何裕城陝	
雅德七月己酉遷。浦霖福建	
福崧	
伊星阿五月壬子免。舒常署。	阿代。
李綬正月丁巳遷。吳垣湖北	
陸燿七月庚戌病免。浦霖湖	遷。陸燿代。
孫士毅	
吳垣正月丁巳遷。孫永清廣	
劉秉恬	
永保五月甲寅遷。陳用敷貴	

西巡撫。

南巡撫。

西巡撫。九月戊午遷。永保代。

巡撫。庚戌調。徐嗣曾代。

甲寅，永保江西巡撫。九月戊午遷。何裕城

巡撫。

南巡撫。

西巡撫。

州巡撫。七月辛酉憂。李慶棻代。

乾隆五十一年丙午

閔鶚元

書麟

明興

伊桑阿 六月乙酉憂。福崧署。九月丁

畢沅 六月辛丑遷。江蘭河南巡撫。十

永保 九月戊子遷。巴延三陝西巡撫。

徐嗣曾

福崧 三月癸未召。伊齡阿浙江巡撫。

何裕城

代。

吳垣 二月己亥卒。圖薩布湖北巡撫。

浦霖

孫士毅 五月丁巳遷。圖薩布廣東巡

孫永清

劉秉恬 閏七月庚辰遷。譚尚忠雲南

李慶棻

乾隆五十二年丁	
閔鶚元	
書麟十一月乙酉	
明興二月乙巳召	
勒保	亥革。勒保山西巡撫。
畢沅	月丁未降。畢沅代。
巴延三	
徐嗣曾	
琅玕	九月乙未召。琅玕代。
何裕城	
李封三月辛卯留	五月丁巳還。李封代。
浦霖	
圖薩布	撫。
孫永清	
譚尚忠	巡撫。
李慶棻	

乾隆五十三年戊	未
閔鶚元	
陳用敷	遷。陳用敷安徽巡撫。
長麟	長麟山東巡撫。
勒保七月丁丑差。	
畢沅七月丁丑遷。	
巴延三	
徐嗣曾	
琅玕	
何裕城	
姜晟七月辛巳遷。	京。姜晟湖北巡撫。
浦霖	
圖薩布	
孫永清	
譚尚忠	
李慶棻	

申

梁肯堂署。鄭源璹護。辛巳，海寧山西巡撫。

伍拉納河南巡撫。惠齡署。辛巳遷。梁肯堂

惠齡湖北巡撫。

乾隆五十四年己酉

閔鶚元

陳用敷十二月丁丑降。穆和藺安徽

長麟

海寧

伍拉納正月壬午遷。梁肯堂河南巡　代。

巴延三遷。七月丙午，秦承恩陝西巡

徐嗣曾

琅玕覲。顧學潮護。

何裕城

惠齡

浦霖

圖薩布六月壬申病免。郭世勳廣東

孫永清

譚尚忠

李慶棻正月丁亥卒。郭世勳貴州巡

巡撫。

撫。

撫。

巡撫。許祖京護。

撫。六月壬申遷。陳步瀛代。十一月戊寅

乾隆五十五年庚	
閔鶚元四月丙寅	
穆和藺二月丁丑	
長麟九月庚子革。	
海寧八月庚戌遷。	
梁肯堂二月丁丑	
秦承恩	
徐嗣曾十月丁丑	
琅玕八月庚戌免。	
何裕城四月丙寅	
惠齡九月庚子遷。	
浦霖十一月丁丑	
郭世勳	
孫永清六月乙卯	
譚尚忠	
額勒春	卒。額勒春貴州巡撫。

戊

免。福崧江蘇巡撫。十月壬申遷。長麟署。

遷。康基田安徽巡撫。四月丙寅革。何裕

惠齡山東巡撫。胡季堂護。

書麟山西巡撫。

遷。穆和藺河南巡撫。

卒。浦霖福建巡撫。

海寧浙江巡撫。十月壬申卒。福崧代。

遷。姚棻署江西巡撫。

福寧湖北巡撫。畢沅兼署。

遷。馮光熊湖南巡撫。

卒。陳用敷廣西巡撫。英善護。

乾隆	
長麟	
朱珪	城代。七月庚寅卒。朱珪安徽巡撫。
惠齡	
書麟	
穆和	
秦承	
浦霖	
福崧	
姚棻	
福寧	
馮光	
郭世	
陳用	
譚尚	
額勒	

五十六年辛亥

十一月辛巳遷。吉慶山東巡撫。

四月辛未遷。馮光熊山西巡撫。鄭源璹護。

蘭

恩

熊四月辛未遷。姜晟湖南巡撫。王懿德護。

勳

敷

忠

春十一月癸未召。陳淮貴州巡撫。

乾隆五十七年壬子

長麟五月戊申遷。奇豐額江蘇巡撫。

朱珪

吉慶

馮光熊五月戊申召。長麟山西巡撫。十

穆和藺

秦承恩

浦霖

福崧十二月丙子召。長麟浙江巡撫。

姚棻六月辛巳憂。陳淮江西巡撫。

福寧

姜晟

郭世勳

陳用敷

譚尚忠

陳淮六月辛巳遷。馮光熊貴州巡撫。

乾隆五十八年癸	
奇豐額	
朱珪	
吉慶八月庚午遷。	
蔣兆奎	二月丙子遷。蔣兆奎代。
穆和藺	
秦承恩	
浦霖	
長麟八月庚午遷。	
陳淮	
福寧九月甲辰遷。	
姜晟	
郭世勳	
陳用敷	
譚尚忠三月乙卯	
馮光熊三月乙卯	

乾	丑
奇	
朱	
福	惠齡山東巡撫。九月甲辰遷。福寧代。
蔣	
穆	
秦	
浦	
吉	吉慶浙江巡撫。
陳	
惠	惠齡湖北巡撫。
姜	
郭	
陳	
馮	遷。馮光熊雲南巡撫。
英	遷。英善貴州巡撫。

隆五十九年甲寅

豐額

琫五月甲辰遷。陳用敷安徽巡撫。十月己

寧八月甲戌遷。穆和藺山東巡撫。甲申，畢

兆奎

和藺八月甲戌遷。福寧河南巡撫。甲申遷。

承恩

霖

慶

淮

齡九月甲辰召。姚棻署。十月己卯回任。陳

晟

世勳五月甲辰病免。朱珪廣東巡撫。

用敷五月甲辰遷。姚棻署廣西巡撫。九月

光熊

善

卯還。惠齡代。

沅代。

穆和藺仍回。十一月甲辰革。阿精阿代。

用敷湖北巡撫。

甲辰遷。成林暫兼署。姚棻尋回。

乾隆六十年乙卯

奇豐額五月丁巳革。費淳江蘇巡撫。張誠

惠齡四月己酉赴軍營。費淳代。五月丁巳

畢沅正月丙戌遷。玉德山東巡撫。

蔣兆奎

阿精阿五月甲子回京。景安河南巡撫。吳

秦承恩

浦霖四月己亥召。姚棻福建巡撫。魁倫署。

吉慶

陳淮

陳用敷正月戊子遷。英善湖北巡撫。

姜晟

朱珪

姚棻二月癸丑遷。成寧廣西巡撫。

馮光熊閏二月壬辰遷。姚棻雲南巡撫。四

英善正月戊子遷。陳用敷貴州巡撫。二月

基護。

還。惠齡仍任。戊辰,汪新安徽巡撫。

瞰暫署。

六月戊申,姚棻免。魁倫兼。

月己亥還。江蘭代。

癸丑革。姚棻代。閏二月壬辰還。馮光熊

貴州巡撫。

清史稿卷二百三

表四十三

疆臣年表七　各省巡撫

嘉慶元年丙辰	
江蘇	張誠基六月
安徽	汪新六月乙
山東	玉德六月丙
山西	蔣兆奎
河南	景安
陝西	秦承恩
福建	魁倫六月乙
浙江	吉慶六月丙
江西	陳淮十一月
湖北	英善六月乙
湖南	姜晟
廣東	朱珪六月乙
廣西	成寧
雲南	江蘭
貴州	馮光熊

乙亥遷。費淳任。

亥遷。張誠基安徽巡撫。八月辛巳遷。朱珪

子遷。伊江阿山東巡撫。

亥遷。姚棻署。

子遷。玉德浙江巡撫。

己丑革逮。蘇凌阿兼。

亥遷。汪新湖北巡撫。

亥遷。英善廣東巡撫。丙子，吉慶兼署。八月

嘉慶二年丁巳	
費淳七月庚午遷。康基	
朱珪三月癸亥調。胡季	代。
伊江阿	
蔣兆奎十一月癸未休。	
景安	
秦承恩	
姚棻四月丙午病免。田	
玉德	
蘇凌阿正月丙午回。台	
汪新	
姜晟	
張誠基三月癸亥遷。吉	辛巳，張誠基代。
成寧四月丁巳來京。台	
江蘭	
馮光熊	

田江蘇巡撫。九月甲申遷。費淳代。
堂暫署。張誠基安徽巡撫。四月丁巳遷。萬

倭什布山西巡撫。

鳳儀福建巡撫。七月庚午憂免。費淳代。陳

布署。四月丁巳遷。張誠基江西巡撫。

慶兼署。四月丙午，陳大文廣東巡撫。
布署廣西巡撫。

嘉慶	
費淳	
朱珪	寧暫署。朱珪兼。
伊江	
倭什	
景安	
秦承	
汪志	奉茲護。九月甲申，費淳遷。汪志伊補。
玉德	
張誠	
汪新	
姜晟	
陳大	
台布	
江蘭	
馮光	

嘉慶四	三年戊午
費淳二	
朱珪正	
伊江阿	阿
伯麟	布三月癸酉遷。伯麟山西巡撫。
倭什布	三月癸酉遷。倭什布河南巡撫。
秦承恩	恩
汪志伊	伊
玉德遷。	
張誠基	基
高杞二	四月癸卯卒。高杞湖北巡撫。
姜晟	
陳大文	文
台布八	
江蘭五	
馮光熊	熊

年己未

月辛丑遷。宜興江蘇巡撫。七月丁卯解。

月壬戌來京。陳用敷代。八月庚午病免。

正月己卯革。陳大文山東巡撫。宜興暫

三月庚午遷。吳熊光河南巡撫。

正月丙戌制。永保署。二月辛丑，馬慧裕

八月壬子，書麟護。十月戊子，阮元署浙

月壬寅來京。倭什布湖北巡撫。

遷。六月辛亥，陸有仁廣東巡撫。

月壬子遷。謝啓昆廣西巡撫。

月庚午遷。初彭齡雲南巡撫。

二月庚戌遷。琅玕貴州巡撫。

岳起代。

荆道乾安徽巡撫。

署。二月辛丑遷。岳起署。

護。八月己酉，永保逮問。壬子，台布陝西

江巡撫。

嘉慶五年庚申
岳起
荊道乾
陳大文　正月己巳憂免。蔣兆奎山
伯麟
吳熊光
台布　九月辛未遷。陸有仁陝西巡撫。
汪志伊
阮元
張誠基
倭什布
姜晟　正月丁丑遷。祖之望代。九月
陸有仁　二月庚子遷。瑚圖禮廣東
謝啓昆
初彭齡
琅玕　九月戊戌遷。伊桑阿貴州巡

嘉慶六	
岳起	
荊道乾	
惠齡十	東巡撫。閏四月己未，休。惠齡代。
伯麟	
吳熊光	
陸有仁	撫。
汪志伊	
阮元	
張誠基	
倭什布	
馬慧裕	辛未，遷。馬慧裕湖南巡撫。
瑚圖禮	巡撫。
謝啓昆	
初彭齡	
伊桑阿	撫。

年辛酉

十月病免。和寧安徽巡撫。十二月戊辰調。

一月丁丑遷。和寧山東巡撫。

四月壬戌遷。顏檢河南巡撫。

十二月戊辰病。李殿圖福建巡撫。

四月壬戌解。全保湖北巡撫。

三月癸未來。京伊桑阿雲南巡撫。七月癸

三月癸未罷。孫日秉貴州巡撫。七月癸未

嘉慶七年壬戌	
岳起	
王汝璧	王汝璧代。
和寧七月乙未免。祖	
伯麟	
顏檢四月甲辰遷。馬	
陸有仁十一月庚午	
李殿圖	
阮元	
張誠基十一月庚寅	
全保	
馬慧裕四月甲辰遷。	
瑚圖禮十一月庚寅	
謝啓昆七月己卯卒。	
孫曰秉十月甲子另	未逮問。孫曰秉代。
常明八月壬寅解。富	罷。常明代。

之望山東巡撫。十一月庚午遷。倭什布

慧裕河南巡撫。

卒。祖之望陝西巡撫。

革。秦承恩江西巡撫。

高杞湖南巡撫。

遷。那彥成暫署。鐵保廣東巡撫。

孫玉庭廣西巡撫。

簡。初彭齡署。十一月庚寅，永保雲南巡

尼善兼。九月乙亥卒。福慶貴州巡撫。初

嘉慶八年	
岳起五月	
阿林保十	
倭什布正	代。
伯麟	
馬慧裕	
祖之望八	
李殿圖	
阮元	
秦承恩	
全保	
高杞十二	
鐵保正月	
孫玉庭九	
永保	撫。那彥寶署。
福慶	彭齡署。十月甲子遷。百齡護。

癸亥

遷。汪志伊江蘇巡撫。

二月甲子遷。王汝璧安徽巡撫。

月庚午遷。鐵保山東巡撫。

月丁卯遷。方維甸陝西巡撫。

月甲子來京。阿林保湖南巡撫。廣音布

庚午遷。瑚圖禮仍回。八月丁卯病免。祖

月乙巳遷。百齡廣西巡撫。

之望廣東巡撫。九月乙巳假。孫玉庭代。

署。

嘉慶九年甲子
汪志伊
王汝璧十二月戊午遷。長齡安徽巡撫。
鐵保
伯麟七月己亥遷。同興山西巡撫。張師
馬慧裕
方維甸
李殿圖
阮元
秦承恩
全保九月丙午憂。瑚圖禮署湖北巡撫。
阿林保
孫玉庭十一月甲寅遷。百齡廣東巡撫。
百齡十一月甲寅遷。孫玉庭廣西巡撫。
永保
福慶

嘉慶十年乙丑	
汪志伊	
長齡 十一月丙辰遷。成寧 安	
鐵保 正月辛亥遷。全保 署。十	
同興	誠護。
馬慧裕	
方維甸	
李殿圖	
阮元 閏六月乙巳憂。清安泰	
秦承恩 閏六月癸未遷。清安	
瑚圖禮	
阿林保	
百齡 六月庚申遷。孫玉庭 廣	
孫玉庭 六月庚申遷。汪日章	恩長暫護。
永保	
福慶	

徽巡撫。

一月丙辰。遷長齡山東巡撫。

浙江巡撫。

秦江西巡撫。乙巳。遷秦承恩署。十月戊子

東巡撫。

廣西巡撫。

嘉慶十一年丙寅	
汪志伊八月庚寅遷。汪	
成寧九月癸丑遷。初彭	
長齡	
同興九月癸丑來京。成	
馬慧裕	
方維甸	
李殿圖二月己亥遷。溫	
清安泰	
溫承惠二月己亥遷。李	來京。溫承惠代。
瑚圖禮十一月己未遷。	
阿林保五月丙寅遷。景	
孫玉庭	
汪日章八月庚寅遷。恩	
永保	
福慶	

日章江蘇巡撫。

齡安徽巡撫。

寧山西巡撫。

承惠福建巡撫。十月丁亥遷。阮元代。癸卯

殿圖江西巡撫。三月乙卯來京。景安代。五

章煦湖北巡撫。

安湖南巡撫。

長廣西巡撫。

病免。張師誠福建巡撫。

月丙寅遷。張師誠代。十月癸卯遷。金光

嘉慶十二年丁卯	
汪日章	
初彭齡　五月丁未憂免。董教增安	
長齡　五月己未遷。吉綸山東巡撫。	
成寧	
馬慧裕　十二月癸未遷。清安泰河	
方維甸	
張師誠	
清安泰　十二月癸未遷。阮元浙江	
金光悌	悌代。
章煦　十二月己丑假。董教增湖北	
景安	
孫玉庭	
恩長	
永保	
福慶	

嘉慶	
汪日	
董敎	徽巡撫。十二月己丑遷。鄂雲布護。
吉綸	楊志信護。
成寧	
清安	南巡撫。
方維	
張師	
阮元	巡撫。
金光	
章煦	巡撫。
景安	
孫玉	
恩長	
永保	
福慶	

十三年戊辰

章

增

十二月庚申遷。百齡山東巡撫。

泰

甸

誠

悌十二月庚申遷。吉綸江西巡撫。

六月乙巳遷。常明湖北巡撫。

庭十月甲辰遷。永保廣東巡撫。十一月壬

十月甲辰調。章煦雲南巡撫。

九月己丑降。章煦貴州巡撫。十月甲辰遷。

嘉慶十四年己巳	
汪日章 七月庚午	
董教增	
百齡 正月丁卯遷。	
成寧 七月庚午遷。	
清安泰 四月壬子	
方維甸 七月庚午	
張師誠	
阮元 八月庚戌來	
吉綸 正月丁卯遷。	
常明	
景安	
韓崶	午遷。韓崶代。
恩長 四月壬子遷。	
章煦 八月庚戌遷。	
孫玉庭 四月丁午	孫玉庭代。福慶暫護。

革。蔣攸銛江蘇巡撫。八月庚戌遷。章煦

吉綸山東巡撫。
金應琦山西巡撫。八月丙午疾。初彭齡
卒。恩長河南巡撫。錢楷護。
遷。成寧陝西巡撫。十二月乙巳革。初彭

京。蔣攸銛浙江巡撫。慶保護。
先福江西巡撫。

許兆椿廣西巡撫。十二月辛卯遷。錢楷
同興雲南巡撫。
革。初彭齡貴州巡撫。章煦署。五月辛酉，

江蘇巡撫。

署。十一月應琦遷。彭齡補。十二月乙巳

齡陝西巡撫。

廣西巡撫。

彭齡留京。鄂雲布貴州巡撫。

嘉慶十五年庚午	
章煦	
董教增三月丙辰遷。廣厚安	
吉綸	
衡齡	遷。衡齡代。
恩長	
初彭齡二月庚戌降。三月丙	
張師誠	
蔣攸銛十一月甲子遷。同興	
先福	
常明二月丙申遷。同興湖北	
景安	
韓對	
錢楷十一月甲子遷。成林廣	
同興二月丙申遷。孫玉庭雲	
鄂雲布	

嘉	
章	
廣	徽巡撫。
吉	
衡	
恩	
董	辰，董教增陝西巡撫。
張	
蔣	浙江巡撫。十二月己亥，蔣攸銛仍回。
先	
錢	巡撫。十一月甲子，遷。錢楷代。
景	
韓	
成	西巡撫。
孫	南巡撫。
鄂	

慶十六年辛未

煦

厚七月壬午遷。錢楷安徽巡撫。

綸閏三月丁未遷。同興山東巡撫。

齡八月甲寅憂。成寧山西巡撫。十一月辛

長五月乙未降。長齡河南巡撫。

敎增

師誠

攸銛九月乙未遷。鐵保浙江巡撫。辛丑遷。

福

楷四月癸酉來京。張映漢湖北巡撫。

安七月壬午病免。廣厚湖南巡撫。

對

林

玉庭

雲布二月降。閏三月丁未，顏檢貴州巡撫。

嘉慶十七年壬申	
章煦三月庚子遷。朱理江	
錢楷八月乙丑卒。胡克家	
同興	
衡齡	丑遷。衡齡署。
長齡	
董教增	
張師誠	
高杞	高杞代。
先福	
張映漢	
廣厚	
韓崶	
成林	
孫玉庭	
顏檢五月己丑來京。景敏	

	嘉慶十八年癸酉
蘇巡撫。	朱理
安徽巡撫。	胡克家
	同興
	衡齡
	長齡七月甲申遷。方受疇河
	董教增十月丙申遷。朱勳陝
	張師誠
	高杞三月甲戌遷。方受疇浙
	先福
	張映漢
	廣厚
	韓崶十月丙申遷。董教增廣
	成林
	孫玉庭
貴州巡撫。	景敏三月甲戌卒。許兆椿貴

嘉慶十	
朱理三	
胡克家	
同興七	
衡齡	
方受疇	南巡撫。己丑假。高杞署。
朱勳	西巡撫。
張師誠	
李奕疇	江巡撫。七月甲申遷。李奕疇代。
先福三	
張映漢	
廣厚	
董教增	東巡撫。
成林二	
孫玉庭	
許兆椿	州巡撫。

九年甲戌

月癸卯遷。張師誠江蘇巡撫。六月乙亥假。

月乙未來京。章煦署。辛亥,陳豫山東巡撫。

三月癸卯遷。陳豫福建巡撫。五月丙申遷。

四月壬午遷。許兆椿浙江巡撫。五月丙申

月癸卯遷。阮元江西巡撫。

月丙辰遷。台斐音廣西巡撫。

正月癸未遷。慶保貴州巡撫。

嘉慶	
初彭	初彭齡署。
胡克	
陳豫	
衡齡	
方受	
朱勳	
王紹	王紹蘭代。
顏檢	疾免。陳豫代。七月辛亥遷。顏檢任。
阮元	
張映	
廣厚	
董教	
台斐	
孫玉	
慶保	

嘉	二十年乙亥
張	齡正月丁酉降。張師誠任。
胡	家
陳	
衡	
方	疇
朱	
王	蘭
孫	十二月壬子革。孫玉庭浙江巡撫。
阮	
張	漢
巴	八月丁丑卒。巴哈布湖南巡撫。
董	增
慶	音二月甲申卒。慶保廣西巡撫。
陳	庭十二月壬子遷。陳若霖雲南巡撫。
曾	二月甲申遷。曾燠貴州巡撫。

慶二十一年丙子

師誠四月乙亥革。胡克家江蘇巡撫。

克家四月乙亥遷。康紹鏞安徽巡撫。

豫

齡

受疇六月戊寅遷。阮元河南巡撫。十一月

勳

紹蘭

玉庭五月辛卯遷。張映漢浙江巡撫。六月

元六月戊寅遷。錢臻江西巡撫。

映漢五月辛卯遷。楊護湖北巡撫。六月壬

哈布

敎增

保

若霖

煥三月戊申終。養文寧貴州巡撫。十一月

嘉慶二十二年丁丑	
胡克家 九月乙丑卒。李	
康紹鏞	
陳豫	
衡齡 七月乙丑降。和舜	
文寧 十二月乙未解。和	壬子遷。文寧代。
朱勳	
王紹蘭 五月庚午革。史	
楊護	壬戌遷。楊護代。
錢臻	
張映漢	戊遷。張映漢回。
巴哈布	
董教增 三月甲辰遷。陳	
慶保 九月癸丑遷。葉紹	
陳若霖 三月甲辰遷。李	
朱理	壬子免。朱理代。

堯棟江蘇巡撫。十月辛巳,仍留本任。陳桂

武山西巡撫。十二月乙未遷。成格代。

舜武河南巡撫。

致光福建巡撫。

若霖廣東巡撫。

楏廣西巡撫。

堯棟雲南巡撫。九月乙丑遷。李鑾宣代。十

嘉慶二十三年戊	
陳桂生	生代。
康紹鏞	
陳豫四月丁亥降。	
成格	
和舜武四月丁亥	
朱勳	
史致光	
楊護七月辛亥降。	
錢臻	
張映漢	
巴哈布九月庚申	
陳若霖四月丁亥	
葉紹楏十月乙酉	
李堯棟	月辛巳卒。堯棟仍留。
朱理	

嘉慶二十四年己	寅
陳桂生	
康紹鏞閏四月壬	
和舜武三月丙午	和舜武山東巡撫。
成格	
陳若霖三月丙午	遷。陳若霖河南巡撫。
朱勳	
史致光五月戊辰	
程國仁三月丙午	程國仁浙江巡撫。
錢臻	
張映漢	
吳邦慶六月壬子	召。吳邦慶湖南巡撫。
李鴻賓閏四月壬	遷。李鴻賓廣東巡撫。
趙慎畛	解。趙慎畛廣西巡撫。
李堯棟五月戊辰	
朱理四月癸酉卒。	

卯

辰遷。姚祖同安徽巡撫。

卒。程國仁山東巡撫。

遷。琦善河南巡撫。

遷。李堯棟福建巡撫。六月壬子遷。吳邦

遷。陳若霖浙江巡撫。

遷。李堯棟湖南巡撫。

辰遷。康紹鏞廣東巡撫。

遷。史致光雲南巡撫。

韓克均貴州巡撫。九月戊子遷。毓岱代。

嘉慶二十	
陳桂生十	
姚祖同四	
程國仁三	
成格	
琦善三月	
朱勳	
韓克均十	慶代。九月戊子遷。韓克均授。
陳若霖十	
錢臻三月	
張映漢四	
李堯棟十	
康紹鏞	
趙愼畛	
史致光十	
毓岱四月	

五年庚辰

一月戊辰來京。魏元煜江蘇巡撫。

月乙亥遷。吳邦慶安徽巡撫。十二月乙未

月癸酉病解。錢臻山東巡撫。

甲申革。四月乙亥，姚祖同河南巡撫。

二月丁亥遷。顏檢福建巡撫。

二月丙午調。承瀛浙江巡撫。

癸酉遷。瑺弼江西巡撫。

月丁亥遷。毓岱湖北巡撫。

一月戊辰召。左輔湖南巡撫。

二月丁亥遷。韓克均雲南巡撫。

乙亥遷。明山貴州巡撫。

道光	元年辛巳	
江蘇	魏元煜	
安徽	李鴻賓 六月戊戌	來京。李鴻賓代。
山東	錢臻 六月甲辰降。	
山西	成格 十二月戊子	
河南	姚祖同	
陝西	朱勳 九月己巳遷。	
福建	顏檢	
浙江	承瀛	
江西	瑺弼 七月丁卯卒。	
湖北	毓岱 七月丁卯遷。	
湖南	左輔	
廣東	康紹鏞 六月辛巳	
廣西	趙愼畛	
雲南	韓克均	
貴州	明山	

遷。孫爾準安徽巡撫。八月丙午遷。張師

琦善山東巡撫。

降。邱樹棠山西巡撫。葉世倬護。

盧坤署陝西巡撫。

毓岱江西巡撫。

楊懋恬湖北巡撫。

來京。張師誠廣東巡撫。八月丙午遷。孫

道光二	
魏元煜	
孫爾準	誠代。十月丁亥憂。孫爾準仍任。
琦善十	
邱樹棠	
姚祖同	
朱勳五	
顏檢正	
承瀛	
毓岱五	
楊懋恬	
左輔	
嵩孚六	爾準代。十月丁亥遷。嵩孚代。
趙慎畛	
韓克均	
明山六	

年壬午

九月庚寅遷。韓文綺江蘇巡撫。

二月癸丑憂。程含章山東巡撫。楊健護。

七月甲申遷。程祖洛河南巡撫。王鼎署。

月戊戌卸。程祖洛陝西巡撫。七月甲申遷。

月壬子遷。葉世倬福建巡撫。

月壬午以病免。阿霖江西巡撫。

月壬戌遷。羅含章廣東巡撫。十二月癸丑

八月戊申遷。盧坤廣西巡撫。九月庚子調。

月乙未遷。嵩孚貴州巡撫。

道光三	
韓文綺	
孫爾準	
程含章	
邱樹棠	
程祖洛	
盧坤	程國仁代。九月庚子遷。盧坤補。
葉世倬	
承瀛	
阿霖三	
楊懋恬	
左輔二	
陳中孚	調。陳中孚代。
成格十	成格廣西巡撫。
韓克均	
嵩孚二	

道	癸未年
韓	
陶	正月癸酉調。陶澍安徽巡撫。
琦	三月戊戌調。琦善署山東巡撫。
邱	
程	
盧	
孫	正月癸酉休。孫爾準福建巡撫。
承	
程	月戊戌召。程含章江西巡撫。
楊	
嵩	月辛丑來。京嵩孚湖南巡撫。
陳	
毓	一月乙亥遷。毓岱廣西巡撫。嵩溥署。
韓	
程	月辛丑調。程國仁貴州巡撫。

光四年甲申

文綺閏七月辛丑降。張師誠江蘇巡撫。十

澍十二月戊寅覲。徐承恩護安徽巡撫。

善十二月戊辰假。納爾經額暫護山東巡

樹棠六月乙巳降。張師誠山西巡撫。蘇成

祖洛

坤

爾準

瀛九月壬寅憂。黃鳴傑署浙江巡撫。

含章二月甲辰調。嵩溥護。三月甲子，蘇岱

懋恬

孚

中孚

岱三月甲子調。康紹鏞廣西巡撫。

克均

國仁八月庚辰憂。蘇明阿貴州巡撫。

二月，誠端護。

撫。

額護。張師誠閏七月辛丑調。朱桂貞代。辛

江西巡撫。八月丁亥免。成格代。

道光五年乙酉	
張師誠五月甲辰調。陶澍	
陶澍五月甲辰調。張師誠	
琦善五月戊申調。伊里布	
福緜	亥憂。福緜代。
程祖洛	
盧坤四月辛未憂。伊里布	
孫爾準九月乙酉調。韓克	
黃鳴傑三月甲辰來京。程	
成格八月己未調。武隆阿	
楊懋恬	
嵩孚八月丁巳遷。康紹鏞	
陳中孚八月己未調。成格	
康紹鏞八月丁巳調。蘇成	
韓克均九月乙酉調。伊里	
蘇明阿九月丁亥降。嵩溥	

江蘇巡撫。

安徽巡撫。

山東巡撫。六月癸酉憂。訥爾經額護。九月

陝西巡撫。五月戊申調。鄂山代。九月乙酉，

均福建巡撫。孫爾準暫兼。

含章浙江巡撫。

江西巡撫。九月乙酉調。韓文綺代。

湖南巡撫。

廣東巡撫。

額廣西巡撫。

布署雲南巡撫。

貴州巡撫。吳榮光護。十月假。富呢揚阿護。

道光六	
陶澍	
張師誠	
武隆阿	乙酉，武隆阿代。
福緜	
程祖洛	
鄂山七	鄧廷楨護。十月庚辰，鄂山回任。
韓克均	
程含章	
韓文綺	
楊懋恬	
康紹鏞	
成格	
蘇成額	
伊里布	
嵩溥	

丙戌年

四月甲戌。召鄧廷楨安徽巡撫。

七月壬午。差陳中孚署山東巡撫。訥爾經

月壬午。調徐炘護陝西巡撫。

十一月癸卯。調劉彬士署浙江巡撫。富呢

七月壬午。來京。嵩孚兼署。十二月癸丑，楊

道	
陶	
鄧	
程	額護。十一月癸卯，中孚卒。程含章署。
福	
程	
鄂	
韓	揚阿護。
劉	
韓	健湖北巡撫。
楊	
康	
成	
蘇	
伊	
嵩	

光　七年丁亥
澍
廷　楨
含　章　閏五月癸酉來京。長齡暫署。七月乙
緜　八月丙申調。盧坤山西巡撫。
祖　洛　九月庚午憂。楊國楨河南巡撫。
山
克　均
彬　士
文　綺
健
紹　鏞
格
成　額
里　布
溥

巳，盧坤山東巡撫。八月丙申調。琦善授。

道光八年戊子	道光
陶澍	陶澍
鄧廷楨	鄧廷
琦善	琦善
盧坤八月己卯調。徐炘山西巡撫。	徐炘
楊國楨	楊國
鄂山	鄂山
韓克均	韓克
劉彬士	劉彬
韓文綺	韓文
楊健	楊健
康紹鏞	康紹
成格八月己卯遷。盧坤廣東巡撫。	盧坤
蘇成額	蘇成
伊里布	伊里
嵩溥	嵩溥

九年己丑	道
	陶
楨	鄧
三月戊午來京。訥爾經額山東巡撫。	訥
	徐
楨	楊
	鄂
均	韓
士	劉
綺十月甲申遷。吳光悅江西巡撫。	吳
	楊
鏞	康
	盧
額	蘇
布	伊
	嵩

光十年庚寅

澍六月辛卯遷。盧坤江蘇巡撫。十一月壬

廷楨

爾經額

炘九月戊午調。阿勒清阿山西巡撫。

國楨

山九月戊午調。徐炘署陝西巡撫。丁丑來

克均

彬士十月戊子降。富呢揚阿浙江巡撫。

光悅

健十一月丙寅降。楊懌曾湖北巡撫。

紹鏞六月乙未來京。程祖洛湖南巡撫。十

坤八月壬午調。朱桂楨廣東巡撫。李鴻賓

成額十一月壬午調。祁墳廣西巡撫。

里布

溥

道光十一年辛	
程祖洛	午調。程祖洛代。
鄧廷楨	
訥爾經額	
阿勒清阿	
楊國楨	
史譜	京。顏伯燾署。
韓克均正月丙	
富呢揚阿	
吳光悅十二月	
楊懌曾	
蘇成額八月壬	一月壬午調。蘇成額代。
朱桂楨	兼署。
祁塤	
伊里布	
嵩溥	

道光十二年壬	卯
程祖洛二月乙	
鄧廷楨	
訥爾經額八月	
阿勒清阿九月	
楊國楨	
史譜	
魏元烺	子休。魏元烺福建巡撫。
富呢揚阿	
吳邦慶二月乙	乙巳，吳邦慶江西巡撫。
楊懌曾	
吳榮光	寅遷。吳榮光湖南巡撫。
朱桂楨	
祁墳	
伊里布	
嵩溥	

辰

未調。林則徐江蘇巡撫。

甲午調。鍾祥山東巡撫。

甲辰解。尹濟源山西巡撫。邱鳴泰護。丁未

未調。周之琦江西巡撫。

道光十三年癸巳	
林則徐	
鄧廷楨	
鍾祥	
尹濟源四月辛丑調。鄂順	降。鄂順安署。
楊國楨	
史譜九月壬辰調。楊名颺	
魏元烺	
富呢揚阿	
周之琦	
楊懌曾正月丁酉免。麟慶	
吳榮光	
朱桂楨七月壬辰免。祁𡎴	
祁𡎴七月壬辰調。惠吉廣	
伊里布	
嵩溥九月壬辰調。史譜貴	

山西巡撫。

陝西巡撫。

湖北巡撫。三月戊戌遷。鄂順安代。四月辛

廣東巡撫。

西巡撫。

州巡撫。十一月丙辰遷。裕泰代。

道光十四年甲午	
林則徐	
鄧廷楨	
鍾祥	
鄂順安	
楊國楨　七月壬午免。桂良	
楊名颺	
魏元烺	
富呢揚阿　十一月庚辰遷。	
周之琦	
尹濟源	丑，尹濟源代。
吳榮光	
祁𡎴	
惠吉	
伊里布	
裕泰	

道光十五年乙未	
林則徐	
鄧廷楨七月庚辰	
鍾祥	
鄂順安九月乙卯	
桂良	河南巡撫。栗毓美護。
楊名颺	
魏元烺	
烏爾恭額	烏爾恭額浙江巡撫。
周之琦	
尹濟源	
吳榮光	
祁墳	
惠吉	
伊里布二月己亥	
裕泰	

道光	
林則	
色卜	調色卜星額安徽巡撫。佟景文護。
鍾祥	
申啓	降申啓賢山西巡撫。
桂良	
楊名	
魏元	
烏爾	
周之	
尹濟	
吳榮	
祁塤	
惠吉	
何煊	遷何煊雲南巡撫。
裕泰	

十六年丙申

徐

星額

七月癸未調。經額布山東巡撫。劉斯嵋護。

賢

九月庚寅革。湯金釗暫署。壬辰，富呢揚

颺

烺

恭額

琦二月丙辰調。陳鑾江西巡撫。

源二月丙辰免。周之琦湖北巡撫。

光正月辛丑降。乙巳，裕泰湖南巡撫。

四月癸亥來。京梁章鉅廣西巡撫。

正月乙巳調。賀長齡貴州巡撫。

	道光十七年丁酉
	林則徐正月庚子調。陳鑾
	色卜星額
	經額布
	申啓賢
	桂良
阿陝西巡撫。	富呢揚阿
	魏元烺
	烏爾恭額
	陳鑾正月庚子調。裕泰江
	周之琦
	裕泰正月庚子調。訥爾經
	祁𡎴
	梁章鉅
	何煊四月甲子卒。顏伯燾
	賀長齡

江蘇巡撫。

西巡撫。

額湖南巡撫。九月癸巳來京。錢寶琛代。龔

雲南巡撫。

道光十八年戊戌	
陳鑾	
色卜星額	
經額布	
申啓賢	
桂良	
富呢揚阿	
魏元烺	
烏爾恭額	
裕泰九月辛酉調。錢寶琛江西巡	
周之琦四月甲子丁憂。伍長華湖	
錢寶琛九月辛酉調。裕泰湖南巡	綬護。
祁𡏖二月乙巳遷。怡良廣東巡撫。	
梁章鉅	
顏伯燾	
賀長齡	

道光十九年己亥
陳鑾三月乙巳調。裕謙署
色卜星額十一月甲辰卒。
經額布八月庚午遷。托渾
申啓賢十月丁卯卒。楊國
桂良三月乙巳調。朱澍河
富呢揚阿
魏元烺四月辛未來京。吳
烏爾恭額
撫。趙炳吉護。 錢寶琛
北巡撫。 伍長華
撫。 裕泰
鄧廷楨兼署。 怡良
梁章鉅
顏伯燾
賀長齡

江蘇巡撫。

程楙采安徽巡撫。

布山東巡撫。

楨山西巡撫。

南巡撫。四月丁丑調。周天爵代。六月丙寅

文鎔福建巡撫。

道光二十年庚子	
裕謙 七月丁酉調。邵甲名署	
程楙采	
托渾布	
楊國楨	
牛鑑	調。牛鑑補。
富呢揚阿	
吳文鎔 十二月己卯調。劉鴻	
烏爾恭額 六月甲申革。劉韻	
錢寶琛	
伍長華 十二月甲戌革。己卯,	
裕泰 十一月癸丑調。丙辰,吳	
怡良 九月辛卯,暫署兩廣總	
梁章鉅	
顏伯燾 九月辛卯遷。張澧中	
賀長齡	

道	
裕	江蘇巡撫。十二月庚午調。程矞采署。
程	
托	
楊	
牛	
富	
劉	翺福建巡撫。
劉	珂浙江巡撫。宋其沅護。
錢	
吳	吳文鎔湖北巡撫。裕泰兼署。
吳	其濬湖南巡撫。
怡	督。
梁	
張	雲南巡撫。
賀	

光二十一年辛丑

謙閏三月丁卯遷。梁章鉅江蘇巡撫。十二

桥采

渾布

國楨十二月戊子遷。梁萼涵山西巡撫。

鑑九月丙辰遷。鄂順安署河南巡撫。

呢揚阿

鴻翺

韻珂

寶琛五月壬午調。吳文鎔江西巡撫。

文鎔五月壬午調。錢寶琛湖北巡撫。七月

其濬

良八月丁酉差。梁寶常廣東巡撫。

章鉅閏三月丁卯調。周之琦廣西巡撫。

澧中

長齡

道光二十	
程矞采九	月乙巳免。程矞采代。
程楙采	
五 托渾布	
梁萼涵	
鄂順安	
富呢揚阿	
劉鴻翺	
五 劉韻珂	
吳文鎔	
趙炳言	己卯免。八月庚子，趙炳言代。
吳其濬	
梁寶常十	
周之琦	
張澧中	
賀長齡	

二年壬寅

月己未。革孫寶善江蘇巡撫。

月戊辰。差。麟魁署。十二月己未，程矞采山

三月丙子。遷。璧昌陝西巡撫。陶廷杰署。璧

月癸酉。假。卞士雲署浙江巡撫。

二月己亥。調。程矞采廣東巡撫。

道光	
孫寶	
程楙	
梁寶	東巡撫。己亥調。梁寶常代。
梁萼	
鄂順	
李星	昌九月乙亥遷。李星沅陝西巡撫。
劉鴻	
劉韻	
吳文	
趙炳	
吳其	
程矞	
周之	
張澧	
賀長	

二十三年癸卯

善

采十一月壬午。調王植安徽巡撫。

常十二月甲辰。調崇恩山東巡撫。

涵

安

沅

翙

珂五月戊辰。遷。吳其濬浙江巡撫。閏七月

鎔

言

濬五月戊辰。調。陸費瑔湖南巡撫。

采

琦

中閏七月甲午。來京。吳其濬雲南巡撫。

齡

甲午調。管橘羣代。十一月辛巳,王植補。壬午。調程棶采任。十二月甲辰卒。梁寶常代。

道光二十四年甲辰	道光二
孫寶善	孫寶善
王植	王植
崇恩十月癸未覲。王篤護。	崇恩
梁萼涵	梁萼涵
鄂順安	鄂順安
李星沅	李星沅
劉鴻翶	劉鴻翶
梁寶常	梁寶常
吳文鎔	吳文鎔
趙炳言十月甲午覲。裕泰兼署。	趙炳言
陸費瑔	陸費瑔
程矞采	程矞采
周之琦	周之琦
吳其濬	吳其濬
賀長齡	賀長齡

十五年乙巳

正月庚午免。李星沅江蘇巡撫。陳繼昌署。

八月辛丑調。吳其濬山西巡撫。

正月庚午調。惠吉陝西巡撫。二月乙卯調。

二月乙卯免。惠吉福建巡撫。徐繼畬署。四

正月庚午調。黃恩彤廣東巡撫。

四月甲辰調。惠吉雲南巡撫。四月壬子遷。

四月癸卯遷。甲辰，喬用遷貴州巡撫。

鄧廷楨代。李星沅署。

月甲辰，吳其濬代。八月辛丑調。鄭祖琛補。

鄭祖琛代。八月辛丑調。梁萼涵補。

道光二十六年丙午
李星沅八月乙亥遷。陸建瀛江蘇巡撫。
王植
崇恩
吳其濬十二月丁卯免。王兆琛山西巡
鄂順安
鄧廷楨三月乙酉卒。林則徐陝西巡撫。
鄭祖琛十二月丙子調。徐繼畬福建巡
梁寶常十月庚午覲。存興護浙江巡撫。
吳文鎔
趙炳言
陸費瑔
黃恩彤十二月癸丑革。徐廣縉廣東巡
周之琦十月丙寅免。徐繼畬廣西巡撫。
梁萼涵正月壬午免。陸建瀛雲南巡撫。
喬用遷

陸蔭署。九月戊申，程矞采署。
撫。潘鐸署。
裕康署。十一月己酉假。楊以垣護。
撫。
撫。耆英兼署。
十二月丙子調。鄭祖琛代。
八月乙亥調。張日晸雲南巡撫。九月丁未

補。|采|喬|程調。丑癸月二十代。|縉|廣|徐憂。

道光二十七年丁未
陸建瀛
王植
崇恩　十一月壬辰來京。張澧中山東巡
王兆琛
鄂順安
林則徐　三月乙未調。楊以增陝西巡撫。
徐繼畬
梁寶常
吳文鎔
趙炳言
陸費瑔
徐廣縉　十二月甲戌調。葉名琛護廣東
鄭祖琛
程矞采
喬用遷

道光二十八年戊申	
陸建瀛	
王植	
張澧中 六月癸卯卒。徐澤	撫。陳孚恩署。
王兆琛	
鄂順安 八月丁巳革。潘鐸	
楊以增 九月甲戌遷。陳士	
徐繼畬	
梁寶常 六月丙辰憂。傅繩	
吳文鎔 六月庚午調。傅繩	
趙炳言	
陸費瑔	
葉名琛	巡撫。
鄭祖琛	
程矞采	
喬用遷 九月癸巳覲。羅繞	

醇山東巡撫。

河南巡撫。鍾祥署。

枚陝西巡撫。十二月丙寅革。恆春署。張祥

勛浙江巡撫。劉堯海署。庚午，吳文鎔代。

勛江西巡撫。費開綬署。

典署貴州巡撫。

道光二十九年己酉	
陸建瀛 四月壬寅遷。傅繩勛江蘇	
王植	
徐澤醇 九月己酉遷。陳慶偕山東	
王兆琛 五月己未革。季芝昌山	
潘鐸	
張祥河	河代。
徐繼畬	
吳文鎔	
傅繩勛 四月壬寅調。費開綬江西	
趙炳言 閏四月癸酉調。羅繞典湖	
陸費瑔 閏四月癸酉憂。趙炳言湖	
葉名琛	
鄭祖琛	
程矞采 七月己未遷。張日晸雲南	
喬用遷	

巡撫。程煥署。

巡撫。劉源灝署。

西巡撫。兆那蘇圖署。八月丙戌，季芝昌遷。

巡撫。

北巡撫。十一月甲辰，憂。龔裕代。

南巡撫。七月戊戌，遷。馮德馨代。

巡撫。程矞采兼署。

龔裕代。十一月甲辰，調湖北。兆那蘇圖任。

道光三十年庚戌
傅繩勛
王植
陳慶偕
兆那蘇圖
潘鐸
張祥河
徐繼畬
吳文鎔十一月丙午遷。常大淳浙江巡撫。
費開綬八月壬午開缺。陳阡江西巡撫。陸
龔裕
馮德馨二月辛巳來京。萬貢珍署。三月丙
葉名琛
鄭祖琛十月壬午革。林則徐暫署。十一月
張日晸八月癸亥卒。張亮基雲南巡撫。
喬用遷

元烺暫署。十二月辛未,陳阡革。陸應穀代。

寅,駱秉章湖南巡撫。

庚子。卒。周天爵署廣西巡撫。勞崇光暫署。

清史稿卷二百四

表四十四

疆臣年表八　各省巡撫

咸豐元年辛亥	
江蘇	傅繩勳　二月
安徽	王植　五月癸
山東	陳慶偕　九月
山西	兆那蘇圖
河南	潘鐸　八月癸
陝西	張祥河
福建	徐繼畬　三月
浙江	常大淳　未任。
江西	陸應穀　九月
湖北	龔裕
湖南	駱秉章
廣東	葉名琛
廣西	周天爵　三月
雲南	張亮基
貴州	喬用遷　十月

壬午免。楊文定江蘇巡撫。

卯遷。蔣文慶安徽巡撫。

己卯假。劉源灝署山東巡撫。

亥降。李僡河南巡撫。甲子，蔣霨遠署。

己酉召。裕泰署。五月己酉，王懿德福建巡

汪本銓署。

丙辰召。王植署江西巡撫。

己酉免。勞崇光署。癸丑，鄭鳴鶴廣西巡撫。

庚寅卒。蔣霨遠貴州巡撫。呂佺孫署。

咸	
楊	
蔣	
陳	
兆	
李	
張	
王	署。端慶假。日三十月九署。兼昌芝季撫。
常	
王	
龔	
駱	
葉	
鄒	
張	
蔣	

豐二年壬子

文定

文慶

慶偕二月丁亥免。李僡山東巡撫。劉源灝

那蘇圖八月癸亥卒。常大淳山西巡撫。郭

淳二月丁亥遷。柏貴代。四月己酉,陸應穀

祥河

懿德

大淳五月庚申遷。黃宗漢浙江巡撫。春壽

植三月戊寅免。陸元烺署。八月甲申,羅繞

裕五月庚申議。常大淳湖北巡撫。八月癸

秉章五月壬子召。張亮基湖南巡撫。十二

名琛七月壬申調。柏貴廣東巡撫。

鳴鶴四月丙午革。勞崇光廣西巡撫。

亮基五月壬子遷。黃宗漢雲南巡撫。庚申

爵遠

暫署。

夢齡署。十二月辛丑，易棠代。哈芬署。

署。十一月戊申遷。琦善署。十二月己亥，

署。

典署。八月癸巳遷。張芾署江西巡撫。

巳遷。羅繞典代。十月壬辰遷。崇綸補。十

月辛丑遷。潘鐸署。

遷。吳振棫代。

咸豐三年	
楊文定二	
蔣文慶正	
李僡八月	
易棠五月	
陸應穀九	陸應穀河南巡撫。
張祥河十	
王懿德	
黃宗漢	
張芾	
崇綸	二月己卯，大淳殉。駱秉章署。
潘鐸三月	
柏貴	
勞崇光	
吳振棫	
蔣霨遠	

癸丑
月壬辰調。聯英暫理。丁酉免。倪良耀代辦。
月甲戌被害。周天爵署。二月丁丑，李嘉瑞
癸未卒。張亮基山東巡撫。崇恩署。
庚申遷。哈芬山西巡撫。八月戊子革。郭夢
月丙寅革。英桂河南巡撫。
一月壬寅召。王慶雲陝西巡撫。

丁巳免。駱秉章湖南巡撫。

三月壬子，許乃釗署江蘇巡撫。

安徽巡撫。九月辛酉，革。江忠源代。劉鉁暫

齡署。恆春補。

咸豐四	
許乃釗	
福濟	署。十二月甲午，忠源殉。福濟補。
張亮基	
恆春十	
英桂三	
王慶雲	
王懿德	
黃宗漢	
張芾正	
崇綸二	
駱秉章	
柏貴	
勞崇光	
吳振棫	
蔣霨遠	

年甲寅

六月庚辰革。吉爾杭阿江蘇巡撫。

一月戊子遷。王慶雲山西巡撫。

月甲子假。鄭敦謹署河南巡撫。

十一月戊子遷。吳振棫陝西巡撫。載齡署。

正月戊午遷。呂佺孫福建巡撫。

九月丁亥遷。何桂清浙江巡撫。

月壬子革。陳啓邁江西巡撫。

月甲午憂。青麐湖北巡撫。六月癸未正法。

十一月戊子遷。舒興阿雲南巡撫。

楊霈代。九月辛未遷。曾國藩署。丙子,陶恩

咸豐五年乙卯	
吉爾杭阿	
福濟	
崇恩	
王慶雲	
英桂	
吳振棫	
呂佺孫	
何桂清	
陳啓邁七月癸亥革。文	
陶恩培三月乙丑殉。胡	培。補楊霈兼署。
駱秉章	
柏貴十月己巳覲。見葉	
勞崇光	
舒興阿	
蔣霨遠	

咸豐六年丙辰	
吉爾杭阿五月	
福濟六月戊申	
崇恩	
王慶雲	
英桂	
吳振棫八月戊	
呂佺孫十一月	
何桂清十一月	
文俊	俊江西巡撫。陸元烺署。
胡林翼	林翼署湖北巡撫。
駱秉章	
柏貴	名琛兼署廣東巡撫。
勞崇光	
舒興阿	
蔣霨遠	

癸亥殉。趙德轍江蘇巡撫。

假。畢承昭署安徽巡撫。

子遷。譚廷襄陝西巡撫。十二月己酉，曾

甲子假。慶瑞署福建巡撫。

庚申病免。晏端書浙江巡撫。

咸豐七年丁巳	
趙德轍	
福濟	
崇恩五月甲寅陞。吳廷棟署	
王慶雲六月乙亥遷。恆福山西	
英桂	
曾望顏	望顏代。
呂佺孫正月辛亥免。慶端福建	
晏端書	
文俊三月丁卯來京。耆齡江西	
胡林翼	
駱秉章	
柏貴十二月己未調。江國霖暫	
勞崇光	
舒興阿六月壬子來京。桑春榮	
蔣霨遠	

咸豐八	
趙德轍	
福濟六	
崇恩	山東巡撫。
恆福八	巡撫。十二月己巳，陞。見常績署。
英桂四	
曾望顏	
慶端六	巡撫。
晏端書	
耆齡	巡撫。
胡林翼	
駱秉章	
柏貴五	署廣東巡撫。
勞崇光	
桑春榮	雲南巡撫。
蔣霨遠	

戊午年

十二月丁巳免。徐有壬江蘇巡撫。

月丁巳革。翁同書安徽巡撫。李孟羣暫署。

月壬戌調。英桂山西巡撫。

月戊申假。瑛棨署。八月壬戌，恆福河南巡

月戊辰調。瑞璸署福建巡撫。

七月庚子來京。胡興仁浙江巡撫。

七月癸巳憂。官文兼署。

月丙申假。畢承昭署廣東巡撫。

六月癸丑來京。張亮基雲南巡撫。十一月

咸豐九年己未	
徐有壬	
翁同書	
崇恩八月戊戌來京。	
英桂	
恒福二月壬戌遷。瑛	撫。
曾望顏十月庚子遷。	
慶端四月壬戌遷。羅	
胡興仁九月甲戌來	
耆齡九月戊寅遷。惲	
胡林翼	
駱秉章	
柏貴四月己未卒。勞	
勞崇光四月己未遷。	
徐之銘	己亥遷。徐之銘代。
蔣霨遠十二月丙午	

文煜山東巡撫。

棨河南巡撫。
譚廷襄署陝西巡撫。
遵殿福建巡撫。瑞璸署。十一月庚寅假。
京。羅遵殿浙江巡撫。
光宸江西巡撫。

崇光廣東巡撫。畢承昭署。九月戊寅，崇
曹樹鍾廣西巡撫。

假。海瑛署貴州巡撫。

咸豐十年庚申	
徐有壬四月癸巳殉。五月	
翁同書	
文煜八月己卯入援。清盛	
英桂八月己卯入援。常績	
瑛棨正月丁丑降。廉慶河	
譚廷襄	
瑞璸	慶端兼署。
羅遵殿三月丁酉殉。王有	
惲光宸三月甲午假。毓科	
胡林翼	
駱秉章八月己卯赴川。翟	
耆齡	光遷。耆齡代。
曹樹鍾閏三月丙午辦理	
徐之銘	
蔣霨遠二月庚子卒。劉源	

甲午，薛煥江蘇巡撫。

署山東巡撫。十月，文煜回任。

署山西巡撫。

南巡撫。八月己卯入覲。賈臻署。十月壬午，

齡浙江巡撫。

江西巡撫。

誥署湖南巡撫。

軍務。劉長佑廣西巡撫。

灝貴州巡撫。十月庚辰遷。鄧爾恆代。

咸豐十一年辛酉	
薛煥	
翁同書正月丙申	
文煜正月丙午遷。	
英桂	
嚴樹森十二月丁	嚴樹森代。賈贊湯署。
譚廷襄正月丙午	
瑞璸	
王有齡十二月丁	
毓科十二月辛未	
胡林翼八月辛未	
翟誥二月辛巳來	
耆齡	
劉長佑	
徐之銘	
鄧爾恆正月丙午	

來京。李續宜安徽巡撫。九月甲辰，彭玉

譚廷襄山東巡撫。清盛署。

丑遷。鄭元善河南巡撫。

遷。鄧爾恆陝西巡撫。瑛棨署。五月乙未，

丑殉。左宗棠浙江巡撫。

降。沈葆楨江西巡撫。

假。李續宜兼署。九月甲辰，胡林翼卒。李

京。毛鴻賓湖南巡撫。文格暫署。

遷。何冠英署。八月丙子卒。江忠義貴州

麟代。賈臻署。十二月丁丑，玉麟開缺。李續

爾恆被戕。瑛棨補。

續宜湖北巡撫。十二月丁丑遷。嚴樹森代。

巡撫。田興恕署。十二月丙子，韓超署。

同治元年壬戌		
江蘇	薛煥 三月己酉罷。李鴻章	
安徽	李續宜 七月丁卯假。唐訓	宜仍任。
山東	譚廷襄 七月乙巳遷。十月	
山西	英桂	
河南	鄭元善 十一月壬子罷。張	
陝西	瑛棨	
福建	瑞璸 正月丙午罷。徐宗幹	
浙江	左宗棠	
江西	沈葆楨	
湖北	嚴樹森	
湖南	毛鴻賓	
廣東	耆齡 正月辛丑赴福建。勞	
廣西	劉長佑 閏八月甲辰遷。張	
雲南	徐之銘	
貴州	韓超 十一月乙亥罷。張亮	

江蘇巡撫。

方署安徽巡撫。

庚子，閻敬銘山東巡撫。

之萬河南巡撫。

福建巡撫。厲恩官署。

崇光兼署。七月乙巳，黃贊湯廣東巡撫。

凱嵩廣西巡撫。

基署貴州巡撫。

同治二年癸亥
李鴻章
唐訓方十二月辛巳罷。喬松年安徽巡
閻敬銘
英桂十月壬寅遷。沈桂芬署山西巡撫。
張之萬
瑛棨七月丙午罷。劉蓉陝西巡撫。張集
徐宗幹
左宗棠三月甲子遷。曾國荃浙江巡撫。
沈葆楨
嚴樹森
毛鴻賓五月丙寅遷。惲世臨湖南巡撫。
黃贊湯六月甲辰罷。郭嵩燾署廣東巡
張凱嵩
徐之銘三月乙卯罷。賈洪詔雲南巡撫。
張亮基

	同治三年甲子
	李鴻章
撫。	喬松年
	閻敬銘
	沈桂芬
	張之萬
馨署。	劉蓉
	徐宗幹
左宗棠兼署。	曾國荃病免。九月壬寅，馬
	沈葆楨
	嚴樹森四月癸巳罷。吳昌
	惲世臨
撫。	郭嵩燾
	張凱嵩
	賈洪詔八月壬辰罷。林鴻
	張亮基

同治四年	
李鴻章四	
喬松年	
閻敬銘	
沈桂芬六	
張之萬四	
劉蓉八月	
徐宗幹	
馬新貽	新貽浙江巡撫。左宗棠兼署。
沈葆楨二	
吳昌壽四	壽湖北巡撫。唐訓方署。
惲世臨二	
郭嵩燾	
張凱嵩	
林鴻年	年雲南巡撫。
張亮基	

乙丑

月癸巳。遷劉郇膏護江蘇巡撫。

月辛丑。假王榕吉護。己酉，曾國荃山西巡

月己巳。遷吳昌壽河南巡撫。

乙未。罷趙長齡陝西巡撫。

月庚辰。假孫長紱護。五月乙卯，劉坤一江

月己巳。遷鄭敦謹湖北巡撫。十一月壬申

月丙子。罷李瀚章湖南巡撫。壬午，石贊清

	同治五年丙寅
	劉郇膏四月庚子罷。郭柏
	喬松年八月戊子遷。英翰
	閻敬銘
撫。	曾國荃正月丙戌遷。趙長
	吳昌壽正月丙戌罷。李鶴
	趙長齡正月丙戌遷。劉蓉
	徐宗幹十一月丙寅卒。李
	馬新貽
西巡撫。	劉坤一
遷。李鶴年代。	李鶴年正月丙戌遷。曾國
護。	李瀚章
	郭嵩燾二月丙辰罷。蔣益
	張凱嵩
	林鴻年正月甲申罷。劉嶽
	張亮基

同治	
郭柏	蔭署江蘇巡撫。
英翰	安徽巡撫。
閻敬	
趙長	齡山西巡撫。
李鶴	年河南巡撫。
喬松	暫署。八月戊子，喬松年陝西巡撫。
李福	福泰福建巡撫。周開錫護。
馬新	
劉坤	
曾國	荃湖北巡撫。
李瀚	
蔣益	澧廣東巡撫。
張凱	
劉嶽	昭雲南巡撫。
張亮	

六年丁卯

蔭二月癸丑,還,仍護。十二月丁酉,丁日昌

十一月癸亥,假。張兆棟護安徽巡撫。英翰

銘二月庚戌,病免。丁寶楨山東巡撫。

齡

年

年

泰十一月乙亥,還。卞寶第福建巡撫。

貽十二月丁酉,還。李瀚章浙江巡撫。

一

荃十一月丙申,病免。郭柏蔭湖北巡撫。何

章正月丙寅,還。劉崑湖南巡撫。

澧十一月乙亥,罷。李福泰廣東巡撫。

嵩二月癸丑,還。郭柏蔭廣西巡撫。吳昌壽

昭

基八月戊戌,罷。曾璧光貴州巡撫。

同治七年戊辰	
丁日昌	江蘇巡撫。
英翰 二月戊申	尋回。
丁寶楨	
趙長齡 二月壬	
李鶴年	
喬松年 二月壬	
卞寶第	
李瀚章	
劉坤一	
郭柏蔭	璟護。
劉崑	
李福泰	
蘇鳳文	署。七月庚辰，蘇鳳文代。
劉嶽昭 二月癸	
曾璧光	

同治	
丁日	
英翰	卸。吳坤修署安徽巡撫。英翰尋回。
丁寶	
鄭敦	午罷。鄭敦謹署山西巡撫。
李鶴	
劉典	午病免。劉典署陝西巡撫。
卞寶	
李瀚	
劉坤	
郭柏	
劉崑	
李福	
蘇鳳	
岑毓	丑遷。岑毓英署雲南巡撫。
曾璧	

八年己巳	
昌	
楨	
謹	五月己亥遷。李宗羲山西巡撫。
年	
十	二月壬寅罷。蔣志章陝西巡撫。
第	正月庚子假。英桂兼署福建巡撫。寶第
章	十二月甲辰遷。楊昌濬浙江巡撫。
一	
蔭	
泰	
文	
英	
光	

同治九年庚午	
丁日昌閏十月丙子罷。張之萬江	
英翰	
丁寶楨	
李宗羲七月丙戌罷。何璟山西巡	
李鶴年	
蔣志章	
卞寶第七月丙戌告養，免。何璟福	尋回。
楊昌濬	
劉坤一	
郭柏蔭	
劉崑	
李福泰十一月庚子遷。瑞麟兼署	
蘇鳳文十一月庚子卸。李福泰署	
岑毓英	
曾璧光	

同治十年辛	
張之萬九月	蘇巡撫。
英翰	
丁寶楨十月	
何璟九月甲	撫。
李鶴年十一	
蔣志章十一	
王凱泰	建巡撫。丙戌遷。王凱泰代。
楊昌濬	
劉坤一	
郭柏蔭	
劉崑十月乙	
瑞麟四月	廣東巡撫。
李福泰四月	廣西巡撫。
岑毓英	
曾璧光	

未

庚子遷。何璟江蘇巡撫。

庚辰假。文彬署山東巡撫。丁寶楨尋回。

午改。鮑源深山西巡撫。

月己丑遷。錢鼎銘河南巡撫。

月戊申卒。翁同爵陝西巡撫。十二月庚

丑罷。王文韶湖南巡撫。

甲戌，劉長佑廣東巡撫。六月戊寅遷。張

甲戌卒。康國器護。六月戊寅，劉長佑廣

同治十一年壬申	
何璟 二月丙寅遷。恩錫	
英翰	
丁寶楨	
鮑源深	
錢鼎銘	
邵亨豫 正月癸卯，譚	辰罷。邵亨豫署。
王凱泰	
楊昌濬	
劉坤一	
郭柏蔭	
王文韶	
張兆棟	兆棟代。
劉長佑	西巡撫。
岑毓英	
曾璧光	

署。七月丙戌，張樹聲江蘇巡撫。十月丙
鍾麟護陝西巡撫。八月庚申，邵亨豫仍

同治十二年癸酉	
張樹聲	署。錫恩遷。子
英翰	
丁寶楨十月壬午。假。文彬	
鮑源深	
錢鼎銘	
邵亨豫	回。
王凱泰十二月庚寅。卸。李	
楊昌濬	
劉坤一	
郭柏蔭十二月戊子病。免。	
王文韶	
張兆棟	
劉長佑	
岑毓英	
曾璧光	

同治十三年	
張樹聲九月	
英翰九月丁	
丁寶楨	署山東巡撫。丁寶楨尋回任。
鮑源深	
錢鼎銘	
邵亨豫	
王凱泰	鶴年兼署福建巡撫。
楊昌濬	
劉坤一十二	
吳元炳九月	吳元炳湖北巡撫。
王文韶	
張兆棟	
劉長佑	
岑毓英	
曾璧光	

甲戌

庚戌罷。吳元炳江蘇巡撫。李宗羲兼署。

未遷。吳元炳安徽巡撫。庚戌，裕祿代。

月癸酉遷。劉秉璋署江西巡撫。

丁未遷。翁同爵湖北巡撫。李瀚章兼署。

光緒元年乙亥	
江蘇	吳元炳
安徽	裕祿
山東	丁寶楨
山西	鮑源深
河南	錢鼎銘五月丁未卒。六月丙寅，
陝西	邵亨豫二月癸未免。曾國荃陝
新疆	
福建	王凱泰十一月丁未卒。丁日昌
臺灣	
浙江	楊昌濬
江西	劉秉璋
湖南	翁同爵
湖北	王文韶
廣東	張兆棟
廣西	劉長佑十一月己亥遷。嚴樹森
雲南	岑毓英
貴州	曾璧光八月庚寅卒。黎培敬貴
奉天	
吉林	
黑龍江	
江淮	

劉齊衔署。十一月甲寅，李慶翱河南巡撫。

西巡撫，未任。戊子，譚鍾麟代。

福建巡撫。葆亨護。

廣西巡撫。

州巡撫。

光緒二年丙子

吳元炳

裕祿

丁寶楨　八月丁酉遷。文格山東巡撫。

鮑源深　八月丁酉免。曾國荃山西巡撫。

李慶翶

譚鍾麟

丁日昌

楊昌濬

劉秉璋　二月辛未陞。見李文敏護江西

翁同爵

王文韶

張兆棟

嚴樹森　三月丁未卒。涂宗瀛廣西巡撫。

岑毓英　三月庚申憂。文格雲南巡撫。潘

黎培敬

光緒	
吳元	
裕祿	
文格	
曾國	
李慶	
譚鍾	
丁日	
楊昌	
劉秉	巡撫。六月戊戌，秉璋回。
翁同	
王文	
張兆	
涂宗	慶愛護。
潘鼎	鼎新署。八月丁酉，文格遷。鼎新代。
黎培	

三年丁丑

炳

荃

翮十一月甲辰，免。涂宗瀛河南巡撫。李鶴

麟

昌七月己亥，假。葆亨署福建巡撫。

濬二月癸巳，革。梅啓照浙江巡撫。

璋

爵八月癸巳，卒。李瀚章兼署湖北巡撫。十

韶十月壬午，陛見。崇福暫護湖南巡撫。

棟

瀛十一月甲辰，遷。楊重雅廣西巡撫。

新八月癸巳，留京。杜瑞聯署雲南巡撫。

敬

	光緒四年戊寅
	吳元炳二月乙巳調。勒
	裕祿
	文格
	曾國荃
年兼署。	涂宗瀛
	譚鍾麟
	葆亨六月己酉卸。吳贊
	梅啓照
	劉秉璋七月庚午乞養。
一月，邵亨豫補。	邵亨豫三月己未遷。潘
	王文韶二月乙酉遷。衞
	張兆棟
	楊重雅
	杜瑞聯
	黎培敬十月癸卯入覲。

方錡署江蘇巡撫。

誠署。十月戊戌免。裕寬福建巡撫。李明

李文敏江西巡撫。

爵湖北巡撫。

榮光湖南巡撫。憂免。三月己未，邵亨豫

林肇元貴州巡撫。

光緒五年己卯	
勒方錡　五月辛卯，吳元炳回。十	
裕祿閏三月甲申入覲。傅慶貽暫	
文格閏三月癸未降。周恆祺山東	
曾國荃	
涂宗瀛	
譚鍾麟五月戊子陛見。王思沂護。	
李明墀四月癸酉遷。勒方錡福建	墀署。
梅啓照八月庚午召。譚鍾麟浙江	
李文敏	
潘霨　四月癸酉，邵亨豫湖北巡	
邵亨豫四月癸酉遷。李明墀湖南	代。
張兆棟正月己巳免。裕寬廣東巡	
楊重雅閏三月丙戌召。張樹聲廣	
杜瑞聯	
黎培敬正月己巳降。張樹聲授。林	

二月乙亥調。譚鈞培護。

護安徽巡撫。八月壬寅，裕祿回。

巡撫。

八月庚午，鍾麟遷。馮譽驥陝西巡撫。

巡撫。何璟兼署。

巡撫。

撫。

巡撫。

撫。劉坤一兼署。

西巡撫。十一月甲申遷。慶裕授。

肇元仍護。閏三月丙戌，樹聲遷。岑毓英

光緒六年庚辰	
吳元炳 六月辛亥，回。	
裕祿	
周恆祺	
曾國荃 六月庚申入覲。葆亨	
涂宗瀛	
馮譽驥	
勒方錡	
譚鍾麟	
李文敏	
邵亨豫 正月癸巳遷。彭祖賢	
李明墀	
裕寬	
慶裕	
杜瑞聯	
岑毓英	貴州巡撫。

戊，戊月二十護。椿松革。卯辛月一十護。

署。兼章瀚李撫。巡北湖

光緒七年辛巳	
吳元炳五月丙子憂免。黎培	
裕祿	
周恆祺五月丙子遷。任道鎔	
衞榮光十一月壬寅遷。張之	衞榮光署。
涂宗瀛二月癸卯入覲。李鶴	
馮譽驥	
勒方錡四月己亥遷。岑毓英	
譚鍾麟八月壬午遷。陳士杰	
李文敏	
彭祖賢	
李明墀八月壬申來京。涂宗	
裕寬	
慶裕	
杜瑞聯	
岑毓英四月己亥遷。勒方錡	

敬江蘇巡撫。譚鈞培暫署。十一月壬寅，衛

山東巡撫。

洞山西巡撫。

年兼河南巡撫。五月辛未，宗室瀛回任。八月

福建巡撫。

浙江巡撫。德馨護。

瀛湖南巡撫。

貴州巡撫。八月壬申，遷。林肇元貴州巡撫。

光緒八年壬午	
衛榮光	榮光任。
裕祿	
任道鎔十二月辛酉	
張之洞	
李鶴年	壬午遷。李鶴年補。
馮譽驥	
岑毓英五月壬辰調。	
陳士杰十二月辛酉	
李文敏十月乙亥免。	
彭祖賢	
涂宗瀛三月乙未遷。	
裕寬	
慶裕正月辛亥遷。倪	
杜瑞聯	
林肇元	

遷。陳士杰山東巡撫。

張兆棟福建巡撫。何璟兼署。

遷。任道鎔浙江巡撫。德馨護。癸亥，道鎔

潘霨江西巡撫。

卞寶第湖南巡撫。

文蔚廣西巡撫。

光緒九年癸未	
衛榮光	
裕祿	
陳士杰	
張之洞	
李鶴年二月庚辰革。鹿傳	
馮譽驥十月癸丑革。邊寶	
張兆棟	
劉秉璋	召。劉秉璋代。
潘霨	
彭祖賢	
卞寶第五月壬寅遷。潘鼎	
裕寬九月丙戌病免。倪文	
倪文蔚九月丙戌遷。徐廷	
杜瑞聯六月庚午召。唐炯	
林肇元十月乙巳議處。張	

光緒十年甲申	
衞榮光	
裕祿六月戊子	
陳士杰	
張之洞三月壬	
鹿傳霖	霖河南巡撫。成孚護。
邊寶泉四月壬	泉陝西巡撫。葉伯英護。
劉錦棠十月癸	
張兆棟九月壬	
劉秉璋	
潘霨九月戊午	
彭祖賢	
潘鼎新三月壬	新署湖南巡撫。
倪文蔚	蔚廣東巡撫。
徐延旭三月壬	旭廣西巡撫。
唐烱三月壬辰	雲南巡撫。
張凱嵩三月壬	凱嵩貴州巡撫。

十月癸酉，設甘肅新疆巡撫。

憂免。盧士杰署安徽巡撫。

辰入覲。奎斌護山西巡撫。四月壬申，張

子任。葉伯英卸。

酉，甘肅新疆巡撫。

子革。劉銘傳福建巡撫。兆棟暫署。

召。德馨江西巡撫。劉瑞芬護。

辰遷。龐際雲署湖南巡撫。

辰革。潘鼎新廣西巡撫。

革。張凱嵩署雲南巡撫。

辰遷。李用清署貴州巡撫。

光緒十一年乙酉九月	
衛榮光	
盧士杰　二月乙未，吳	
陳士杰	
奎斌　二月丙申，剛毅	之洞還。奎斌署。
鹿傳霖　二月丙申遷。邊	
邊寶泉　二月丙申遷。鹿	
劉錦棠	
張兆棟　六月辛卯，楊	
劉銘傳　九月庚子，臺灣	
劉秉璋	
德馨	
彭祖賢　十月辛亥卒。譚	
龐際雲　二月乙未被劾。	
倪文蔚	
潘鼎新　二月戊寅革。李	
張凱嵩	
李用清　六月庚辰來京。	

光緒	庚子，裁福建巡撫，設臺灣巡撫。
衞榮	
吳元	元炳安徽巡撫。
陳士	
剛毅	山西巡撫。
邊寶	寶泉河南巡撫。孫鳳翔護。
鹿傳	傳霖陝西巡撫。
劉錦	
	昌濬兼福建巡撫。
劉銘	巡撫。
劉秉	
德馨	
裕祿	鈞培湖北巡撫。裕祿兼署。
卞寶	卞寶第湖南巡撫。
倪文	
張曜	秉衡護。五月丁卯，張曜廣西巡撫。
張凱	
潘霨	潘霨署貴州巡撫。

十二年丙戌

光五月庚子遷。崧駿江蘇巡撫。

炳五月甲寅卒。陳彝安徽巡撫。張端卿護。

杰五月癸巳召。張曜山東巡撫。

泉

霖七月庚子病免。葉伯英陝西巡撫。

棠

傳

璋五月己亥遷。庚子，衞榮光浙江巡撫。許

四月癸酉卸。譚鈞培任。五月癸巳遷。甲午，

第

蔚四月己丑入覲。張之洞兼署。五月癸巳，

五月癸巳遷。李秉衡護廣西巡撫。

嵩十一月己亥卒。譚鈞培雲南巡撫。岑毓

八月丁卯，阿克達春代護。

應鑅護。

奎斌湖北巡撫。

譚鈞培廣東巡撫。十一月己亥遷。吳大

英兼署。

光緒十三年丁亥	
崧駿	
陳彝	
張曜	
剛毅	
邊寶泉　五月丁巳病免。戊午，倪文	
葉伯英	
劉錦棠	
劉銘傳	
衛榮光	
德馨　二月丙子入覲。李嘉樂護江	
奎斌	
卞寶第	
吳大澂	澂代。
李秉衡　七月癸未，沈秉成廣西	
譚鈞培	
潘霨	

光緒十四	
崧駿十月	
陳彝十月	
張曜	
剛毅十月	
倪文蔚	蔚河南巡撫。
葉伯英九	
劉錦棠	
劉銘傳	
衞榮光十	
德馨	西巡撫。九月庚申,德馨回任。
奎斌	
卞寶第二	
吳大澂七	
沈秉成十	巡撫。李秉衡仍護。
譚鈞培	
潘霨	

光緒	年戊子
崧駿	乙未。遷剛毅江蘇巡撫。
陳彝	乙未。召。沈秉成安徽巡撫。
張曜	
衞榮	乙未。遷衞榮光山西巡撫。
倪文	
張煦	月甲寅。卒。張煦陝西巡撫。陶模護。
劉錦	
劉銘	
崧駿	月乙未。遷崧駿浙江巡撫。
德馨	
奎斌	
王文	月丁未。遷王文韶湖南巡撫。
張之	月庚申。遷張之洞兼署廣東巡撫。
沈秉	月乙未。遷高崇基廣西巡撫。
譚鈞	
潘霨	

十五年乙丑

正月戊申卸。黃彭年護江蘇巡撫。九月乙

八月庚申卸。沈秉成任。

光十月戊子病免。豫山山西巡撫。

蔚

十二月乙酉遷。鹿傳霖陝西巡撫。

棠正月戊申假。魏光燾護新疆巡撫。

傳

十一月丁卯遷。十二月壬申，譚繼洵湖北

韶六月丁丑遷。邵友濂湖南巡撫。十一月

洞正月庚戌免兼署。劉瑞芬廣東巡撫。游

成六月辛卯卸。高崇基廣西巡撫。七月甲

培

光緒十六年	
剛毅	亥，剛毅任。
沈秉成十月	
張曜	
豫山閏二月	
倪文蔚六月	
張煦正月己	
魏光燾	
劉銘傳	
崧駿	
德馨	
譚繼洵	巡撫。
張煦	乙酉憂。張煦授。沈晉祥護。
劉瑞芬未任	智開署。
馬丕瑤	寅卒。馬丕瑤補。
譚鈞培	
潘霨觀。十二	

庚寅

己酉調。阿克達春護安徽巡撫。

戊申卒。劉瑞祺山西巡撫。丁巳，潘駿文

庚申卒。裕寬河南巡撫。廖壽豐護。

酉卸。陶模陝西巡撫。閏二月癸丑，鹿

前，李瀚章兼署。

月辛酉，黃槐森護貴州巡撫。

	光緒十七年辛卯
	剛毅
	阿克達春 四月癸卯卸。沈秉成
	張曜 七月甲申卒。丙戌，福潤山
護。	劉瑞祺 十月丙申卒。丁酉，奎俊
	裕寬
傳霖任。	鹿傳霖
	魏光燾 二月丁巳，陶模甘肅
	劉銘傳 三月辛卯免。四月乙未，
	崧駿
	德馨
	譚繼洵
	張煦
	劉瑞芬
	馬丕瑤
	譚鈞培
	潘霨 五月戊子免。庚寅，崧蕃貴

光緒十八	
剛毅四月	
沈秉成	回安徽巡撫任。
福潤入覲。	東巡撫。
奎俊入覲。	山西巡撫。
裕寬	
鹿傳霖	
陶模	新疆巡撫。劉錦棠代。
邵友濂	邵友濂臺灣巡撫。沈應奎護。
崧駿二月	
德馨	
譚繼洵	
張煦閏六	
劉瑞芬四	
馬丕瑤二	
譚鈞培	
崧蕃	州巡撫。黃槐森護。

年壬辰

己亥，遷。奎俊江蘇巡撫。

正月壬午，湯壽銘護山東巡撫。四月甲午，

正月壬午，胡聘之護。四月己亥，奎俊遷。阿

己巳入覲，劉樹棠護浙江巡撫。八月庚申，

月戊辰遷。吳大澂湖南巡撫。

月乙未卒。己亥，剛毅廣東巡撫。李瀚章兼

月甲午憂。張聯桂廣西巡撫。

福潤回任。

克達春山西巡撫。閏六月丙寅免。張煦代。

崧駿回任。

署。

光緒十九年癸巳
奎俊
沈秉成
福潤
張煦
裕寬
鹿傳霖
陶模
邵友濂
崧駿十一月戊戌卒。十二月庚辰，廖壽
德馨三月乙酉入覲。方汝翼護江西巡
譚繼洵十一月癸巳赴四川。張之洞兼
吳大澂
剛毅
張聯桂正月庚寅入覲。黃槐森護廣西
譚鈞培
崧蕃

光緒二十年	
奎俊	
沈秉成四月	
福潤七月甲	
張煦	
裕寬七月壬	
鹿傳霖	
陶模	
邵友濂九月	
劉樹棠四月	豐浙江巡撫。劉樹棠護。
德馨	撫。九月丙申，德馨回任。
譚繼洵二月	署湖北巡撫。
吳大澂召。七	
剛毅六月辛	
張聯桂	巡撫。六月乙卯，聯桂回任。
譚鈞培十二	
崧蕃十二月	

甲午

丁卯免。李秉衡安徽巡撫。德壽暫署。七
子遷。李秉衡山東巡撫。

戊祝嘏。劉樹棠暫護河南巡撫。十一月

遷。唐景崧署臺灣巡撫。
庚午卸。廖壽豐浙江巡撫。

乙亥回。
月庚子卸。王廉護湖南巡撫。九月，邵友
卯祝嘏。李瀚章兼署。十月甲申，剛毅遷。

月庚子卒。崧蕃雲南巡撫。岑毓寶護。
庚子遷。德壽貴州巡撫。嵩崑護。

光緒	
奎俊	
福潤	月甲子，秉衡遷。福潤授。員鳳林護。
李秉	
張煦	
劉樹	庚戌，裕寬免。樹棠補。
鹿傳	
陶模	
唐景	
廖壽	
德馨	
譚繼	
吳大	溓調署。
李瀚	馬丕瑤廣東巡撫。
張聯	
崧蕃	
德壽	

二十一年乙未

三月癸巳，趙舒翹江蘇巡撫。

衡

正月癸丑入覲。胡聘之署。八月甲申，張煦

棠

霖三月癸巳遷。奎俊陝西巡撫。張汝梅護。

十月辛未遷。饒應祺署新疆巡撫，十一月

崧

豐

七月辛酉革。壬戌，德壽江西巡撫。

洵

濬閏五月癸丑開缺。德壽湖南巡撫。七月

章正月甲午卸。馬丕瑤廣東巡撫。九月卒。

桂閏五月己巳免。六月辛未，史念祖廣西

七月己酉遷。魏光燾雲南巡撫。八月丁亥

閏五月癸丑遷。嵩崑貴州巡撫。

卒。丁亥，胡聘之任。員鳳林護。

七月壬戌，奎俊憂。胡聘之授。八月丁亥

癸丑任。

壬戌遷。陳寶箴代。

戊申，譚鍾麟兼署。十二月戊辰，許振禕

巡撫。

遷。黃槐森代。

光緒二十二年丙申	
趙舒翹	
福潤　七月壬寅病免。鄧華	
李秉衡	
胡聘之	
劉樹棠	
張汝梅　六月壬寅卸。魏光	遷。魏光燾任。
饒應祺	
廖壽豐	
德壽	
譚繼洵	
陳寶箴	
譚鍾麟　四月乙酉卸。許振	授。
史念祖	
崧蕃　六月甲申卸。黃槐森	
嵩崑	

	光緒二十三年丁酉
	趙舒翹 七月甲午遷。奎俊
熙安徽巡撫。	鄧華熙
	李秉衡 九月戊辰遷。張汝
	胡聘之
	劉樹棠
燾任。	魏光燾
	饒應祺
	廖壽豐
	德壽
	譚繼洵 三月壬子入覲。張
	陳寶箴
禕任。	許振禕
	史念祖 九月癸丑革。十月
任。	黃槐森 十月戊午遷。裕祥
	嵩崑 二月甲子革。王毓藻

江蘇巡撫。

梅山東巡撫。

之洞兼署湖北巡撫。四月乙酉，繼洵回任。

戊午，黃槐森廣西巡撫。

雲南巡撫。

貴州巡撫鄧積誠署。

光緒二十四年戊戌七月乙丑，裁湖北、

奎俊五月丙子遷。德壽江蘇巡撫。

鄧華熙

張汝梅

胡聘之

劉樹棠十月乙酉遷。裕長河南巡撫。

魏光燾

饒應祺

廖壽豐十月乙酉免。劉樹棠浙江巡撫。

德壽五月丙子遷。松壽江西巡撫。翁曾

譚繼洵七月乙丑裁。九月戊辰，曾龢

陳寶箴八月癸卯革。俞廉三湖南巡撫。

許振禕七月乙丑裁。九月戊辰，鹿傳

黃槐森

裕祥七月乙丑裁。九月戊辰，丁振鐸

王毓藻

光緒	廣東、雲南三巡撫。九月戊辰復設。
德壽	
鄧華	
張汝	
胡聘	
裕長	
魏光	
饒應	
廖壽	
松壽	桂。護。
于蔭	湖北巡撫。十二月丙戌革。于蔭霖代。
俞廉	
鹿傳	霖廣東巡撫。
黃槐	
丁振	雲南巡撫。
王毓	

二十五年己亥

六月庚辰遷。鹿傳霖江蘇巡撫。聶緝槼護。

熙十月丙子遷。王之春安徽巡撫。

梅二月辛巳免。毓賢山東巡撫。十一月戊

之正月壬申入覲。何樞護山西巡撫。四月

二月辛卯入覲。景星護河南巡撫。四月壬

壽八月庚申入覲。李有棻護陝西巡撫。九

祺

豐正月乙亥卸。劉樹棠浙江巡撫。

霖

三八月甲寅入覲。錫良護湖南巡撫。十二

霖六月庚辰遷。德壽廣東巡撫。譚鍾麟兼

森

鐸

藻

十二月庚寅，陸元鼎護。

申，召。袁世凱署。
辛丑，胡聘之回任。八月癸丑，免。王之春
寅，裕長回任。
月丁未，端方代護。

月庚寅，廉三回任。
署。

補。何樞護。十月丙午,王之春遷。鄧華熙補。

光緒二十六年庚子

鹿傳霖九月戊寅遷。松壽江蘇巡撫。

鄧華熙四月丙子卸。王之春安徽巡撫。

袁世凱

鄧華熙二月丙戌遷。毓賢山西巡撫。七

裕長閏八月丙辰遷。于蔭霖河南巡撫。

端方卸。閏八月壬寅，岑春煊陝西巡撫。

饒應祺

劉樹棠十月壬寅免。惲祖翼浙江巡撫。

松壽九月戊寅遷。甲午，李興銳江西巡

于蔭霖閏八月丙辰遷。張之洞兼署。裕

俞廉三

德壽

黃槐森

丁振鐸

王毓藻二月丙戌卒。鄧華熙貴州巡撫。

月召。癸丑，李廷簫護。閏八月壬寅，毓賢

余聯沅署。

撫。張紹華護。

長湖北巡撫。九月甲午免。景星任。十二

邵積誠護。

光緒二十七年辛	
松壽正月戊寅遷。	
王之春十月癸丑	
袁世凱五月乙丑	
錫良正月戊子開	免。錫良補。
于蔭霖正月戊寅	
岑春煊正月戊子	
饒應祺	
惲祖翼四月辛	
李興銳	
聶緝槼正月戊寅	月辛亥遷。聶緝槼代。
俞廉三	
德壽	
黃槐森二月壬子	
丁振鐸四月己亥	
鄧華熙	

丑

聶緝槼江蘇巡撫。十月癸丑遷。恩壽代。

開缺。聶緝槼安徽巡撫。

憂。胡廷幹暫護。九月己丑，張人駿山東

缺。岑春煊山西巡撫。

遷。松壽河南巡撫。十一月甲戌隨扈。錫

遷。端方護。二月辛巳遷。升允陝西巡撫。

丑，任道鎔浙江巡撫。

遷。于蔭霖湖北巡撫。二月壬子，錫良代。

免。于蔭霖廣西巡撫。二月己巳免。李經

遷。李經羲雲南巡撫。

光緒二十	
恩壽	
聶緝槼九	
張人駿遷。	巡撫。
岑春煊五	
松壽隨扈。	良弼兼署。
升允正月	八月隨扈。李紹棻護。
饒應祺九	
任道鎔九	
李興銳七	
端方	三月辛巳免。端方任。
俞廉三十	
德壽五月	
丁振鐸五	羲代。四月己亥遷。丁振鐸補。
李經羲四	
鄧華熙十	

八年壬寅

月壬辰遷。饒應祺安徽巡撫，未任，卒。十二

周馥代。

月丁亥遷。丁振鐸山西巡撫。趙爾巽護。十

正月乙酉，錫良河南巡撫。遷。張人駿代。

庚辰回。

月壬辰遷。潘效蘇新疆巡撫。

月壬辰免。聶緝槼浙江巡撫。誠勳暫護。

月庚申調。柯逢時護江西巡撫。

二月庚戌遷。趙爾巽湖南巡撫。

丁亥遷。岑春煊署。七月庚申遷。李興銳署

月丁亥遷。王之春廣西巡撫。

月戊戌開缺。己亥，林紹年雲南巡撫。魏光

月己丑病免。庚寅，李經羲署貴州巡撫。

光緒二	
恩壽	
聶緝槼	月庚戌，誠勳代。
周馥	
吳廷斌	二月庚戌，兪廉三授。吳廷斌護。
張人駿	
升允	
潘效蘇	
誠勳四	
柯逢時	
端方	
趙爾巽	
李興銳	廣東巡撫。
王之春	
林紹年	燾兼署。
鄧華熙	

十九年癸卯

假。三月癸亥，聯魁護。四月丁未，緝槼回。

正月甲戌，俞廉三病免。丙子，張曾敭

三月丙子，調陳夔龍河南巡撫。

月庚寅，卸。翁曾桂護浙江巡撫。八月己

閏五月丙申，遷。夏旹署江西巡撫。

三月壬申，任。

三月丙子，遷。張人駿廣東巡撫。

閏五月丙申，革。柯逢時廣西巡撫。丁體

四月乙酉，卸。曹鴻勛護貴州巡撫。十二

光緒三十	
恩壽四月	
誠勳	八月丁巳卸。誠勳安徽巡撫。
周馥九月	
張曾敭	補。
陳夔龍	
升允十一	
潘效蘇	
聶緝槼	巳，聶緝槼任。
夏旹十一	
端方四月	
趙爾巽四	
張人駿	
柯逢時四	常護。
林紹年十	
李經羲四	月丙寅卸。李經羲任。
恩壽十二	

年甲辰十一月，裁湖北、雲南巡撫。十二月

己未調。端方署江蘇巡撫。九月己亥遷。效

庚辰遷。胡廷幹署山東巡撫。尚其亨護。十

月乙亥調。夏峕陝西巡撫。

月乙亥遷。十二月己酉，胡廷幹江西巡撫。

己未調。張之洞兼署湖北巡撫。十二月庚

月己酉召。陸元鼎署。張紹華護。十一月辛

月甲子改。李經羲廣西巡撫。

一月癸巳卸。丁振鐸兼管雲南巡撫。

月甲子調。曹鴻勛署貴州巡撫。十一月丁

月丁卯，江淮巡撫。

丙寅,改漕運總督爲江淮巡撫。

曾護。十二月辛巳,陸元鼎授。

二月己酉,胡廷幹遷。楊士驤署山東巡撫。

子,改兼管。

巳,端方湖南巡撫。

巳,林紹年代署。

光緒三十一年乙巳	三月庚寅，裁江淮
陸元鼎	
誠勳	
楊士驤	
張曾敭	六月己未調。張人駿署山西巡
陳夔龍	
夏峕	正月甲午免。曹鴻勛陝西巡撫。
潘效蘇	八月戊午革。聯魁新疆巡撫。吳
聶緝槼	九月壬午免。癸未，張曾敭浙江
胡廷幹	
端方	六月己未入覲。龐鴻書湖南巡撫。
張人駿	六月己未調。癸亥裁。缺。
李經羲	九月辛巳病免。林紹年廣西巡
林紹年	九月辛巳遷。岑春煊貴州巡撫。
恩壽	六月癸亥裁。卸。

巡撫，改設江北提督。六月癸亥，裁廣東

撫。

引蓀署。

巡撫。瑞興兼署。

撫。

巡撫，以兩廣總督兼管。	光緒三十二年
	陸元鼎正月壬
	誠勳二月。遷恩
	楊士驤
	張人駿正月壬
	陳夔龍正月壬
	曹鴻勛
	吳引蓀閏四月
	張曾敭
	胡廷幹三月己
	龐鴻書七月庚
	林紹年九月乙
	岑春煊七月庚

丙午

辰免。陳夔龍江蘇巡撫。濮子潼護。

銘安徽巡撫。

辰改。恩壽山西巡撫。

辰改。張人駿河南巡撫。瑞良護。

己卯卸。聯魁新疆巡撫。

丑免。吳重憙署。十二月乙未遷。瑞良江西

戊調。岑春蓂湖南巡撫。

卯召。柯逢時廣西巡撫。十一月丁未遷。張

戊遷。龐鴻書貴州巡撫。興祿護。

光緒三十三年丁未三月己亥，	
陳夔龍七月丁巳遷。張曾敭江	
恩銘五月丙辰被戕。馮煦安徽	
楊士驤七月丁巳遷。吳廷斌山	
恩壽八月丁亥遷。張曾敭山西	
張人駿七月癸巳遷。林紹年河	
曹鴻勛八月丁亥召。恩壽陝西	
聯魁	
張曾敭七月丁巳遷。馮汝騤浙	
瑞良	巡撫。
岑春蓂	
張鳴岐	鳴岐署。
龐鴻書	
唐紹儀三月己亥，奉天巡撫。	
朱家寶三月己亥，署吉林巡撫。	
段芝貴三月己亥，署黑龍江巡	

光緒三	設奉天、吉林、黑龍江巡撫。
陳啓泰	蘇巡撫。陳啓泰署。
馮煦六	巡撫。
吳廷斌	東巡撫。
寶棻	巡撫。十二月戊寅，寶棻山西巡撫。
林紹年	南巡撫。袁大化護。
恩壽	巡撫。
聯魁	
馮汝騤	江巡撫。信勤署。
瑞良二	
岑春蓂	
張鳴岐	
龐鴻書	
唐紹儀	
朱家寶	
程德全	撫。丙辰被劾。程德全署。

十四年戊申

月己卯免。朱家寶安徽巡撫。繼昌護。八月

二月己未，袁大化署。三月癸巳，袁樹勛

八月丙辰遷。吳重憙河南巡撫。朱壽鏞護。

三月丙戌遷。柯逢時浙江巡撫。四月戊午

月辛卯病免。三月丙戌，馮汝騤江西巡撫。

差。六月丁丑，徐世昌兼署奉天巡撫。

六月己卯遷。陳昭常吉林巡撫。

二月癸酉病免。周樹模署黑龍江巡撫。

宣統元年己酉		
江蘇	陳啓泰 五月	
安徽	朱家寶	丙辰卒。沈曾植護。
山東	袁樹勛 五月	山東巡撫。
山西	寶棻 十月調。	
河南	吳重熹 三月	
江西	馮汝騤	
浙江	增韞	
陝西	恩壽	
新疆	聯魁	
湖南	岑春蓂	免。增韞任。
廣西	張鳴岐	
貴州	龐鴻書	
奉天	錫良 三月兼	
吉林	陳昭常	
黑龍江	周樹模	

撫。巡蘇江棻寶還。月十撫。巡蘇江澂瑞卒。

撫。巡東山琦寶孫遷。

撫。巡西山銓寶丁

撫。巡南河棻寶免。病

撫。巡天奉全德程月,六免。儀紹唐月,五署。

宣統二年庚戌，裁奉天巡撫，由總督兼。		
寶	棻	三月辛酉調。程德全江蘇巡撫。陸
朱	家	寶
孫	寶	琦
丁	寶	銓
寶	棻	
馮	汝	騤
增	韞	
恩	壽	
聯	魁	七月病免。何彥昇甘肅新疆巡撫。
岑	春	蓂 三月壬子議革。楊文鼎署湖南
張	鳴	岐 九月丁卯遷。沈秉堃廣西巡撫。
龐	鴻	書
程	德	全 三月辛酉調。
陳	昭	常
周	樹	模

宣統三年辛亥	
程德全九月庚	鍾琦護。
朱家寶九月	
孫寶琦十月免。	
丁寶銓五月病	
寶棻十月病免。	
馮汝騤九月	
增韞九月戊	
恩壽閏六月病	
袁大化	十月卒。壬午，袁大化代。
楊文鼎閏六月	巡撫。
沈秉堃九月辛	魏景桐護。
龐鴻書四月病	
陳昭常	
周樹模十二	

辰，以蘇州入於民軍。

壬午，民軍據安慶，家寶去職。

胡建樞山東巡撫。十二月免。張廣建署。

免。陳寶琛山西巡撫。六月留京。陸鍾琦

齊耀琳河南巡撫。

甲戌，民軍據南昌，汝騤走九江，死之。

寅，民軍據杭州，被執。

免。余誠格陝西巡撫。錢能訓護。楊文

改。余誠格湖南巡撫。九月，民軍據長沙，

巳，以桂林入於民軍。

免。沈瑜慶貴州巡撫。九月戊寅，民軍據

月辛亥，宋小濂署黑龍江巡撫。

任。九月,民軍據太原,死之。吳祿貞署。尋

鼎,未任。九月,民軍據西安,能訓被執。升

誠格去職。

貴陽,瑜慶去職。

被。戕張錫鑾代。

允署。